東北大学大学入試研究シリーズ

アドミッションセンターの現在と将来

金子書房

問に答えようとするものである。アドミッションセンターの設立経緯，目的，およびその運営方法などについて分析を加えたものである。アドミッションセンターは，平成11年（1999年）に国立大学や公立大学に設置された当時には主にAO入試（アドミッションズ・オフィス入試）の実施を目的とした組織というコンセンサスがあったと思われる。ところが，明確な定義が与えられなかったことから，大学ごとに役割や機能に違いがあり，一貫性が見られない。この多様性のあるアドミッションセンターの実態を解明するために，国立82大学を対象に，組織構成，行っている業務などについて質問紙調査を行った。その調査結果に基づく論考となっている。

第2章では，黎明期の平成13年（2001年）にアドミッションセンターを設置した広島大学において，アドミッションセンターの位置付けや専任教員の役割が徐々に変化していく過程についての事例報告となっている。特に，専任教員の業績評価という視点は，専任教員を有する多くの大学に通じる貴重な論考と言えるだろう。

第3章では最初にアドミッションセンターを設置した東北大学の具体例を用いて，業務内容の一部について報告がなされている。倉元（2020）の分類に従い，主に「入試研究関連業務」に焦点を当てて，東北大学の大学入試の主体性評価に対するアプローチを事例とした実践例が紹介された。さらに，「政策対応型の入試制度設計」という概念を提唱してその重要性について詳述している。

第4章からの2章は私立大学に関する論考である。私立大学でアドミッションセンターという組織名称はほとんど用いられていない。国公立大学とは異なる背景や文脈について紹介した上で，私立大学におけるアドミッションセンターの必要性について，私立大学ならではの入試戦略や学生募集の方法から具体例を交えて論じている。

第5章では，アドミッションセンターに付与されている「入試研究関連業務」に注目し，日本の大学入試に関する研究の現状について，特に私立大学の関与に焦点を当てて論じている。少子化の中での日本の大学事情の変化を見据え，私立大学に関わる研究の重要性について論じている。

ここまでの第1部は，アドミッションセンター内部の視点からの論考であった。第2部では，外部のステークホルダーからの視点による今後のアドミッションセンターへの期待が中心課題となっている。

第6章では，現役の公立高等学校長の立場から，高等学校の立場から見たアドミッションセンターに期待される役割とその可能性についての考察である。高大接続と大学入試改革の現状，その中でのアドミッションセンターの役割から，機能拡大の必要性が訴えられている。

第7章では，大学執行部の立場から，人口減少時代における大学アドミッションセンターの役割として，多様な学生の受け入れと教育体制の柔軟化が不可欠であることが強調されている。その上で，将来的に大学の魅力を高めるためのアドミッションセンターの戦略について具体的な事例を挙げながら，効果的な広報戦略や入試改革の方向性を提示している。

第8章は，第38回東北大学高等教育フォーラムにおける討議の内容をまとめた章である。地方国立大学や私立大学のアドミッションセンターの役割や機能，大学入試と高大連携等の話題に焦点があてられた。

本書を通して，アドミッションセンターの現状への理解が深まり，その役割と機能について多角的に再認識することができれば幸いである。また，将来に向けた具体的な改善策や新しい取り組みについて，何らかのアイデアが産まれるきっかけとなることを期待したい。

文　献

倉元　直樹（2020）．国立大学におけるアドミッションセンターの組織と機能　倉元 直樹（編）「大学入試学」の誕生（pp.58-71）金子書房

文部科学省（2023）．令和5年度学校基本統計（学校基本調査の結果）確定値　文部科学省 Retrieted from https://www.mext.go.jp/content/20230823-mxt_chousa01-000031377_001.pdf（2024年6月3日）

目　次

アドミッションセンターの現在

第1章

国立大学のアドミッションセンターとは何か
――国立大学アドミッションセンター連絡会議20周年記念事業のデータから――

倉元　直樹

第１節　問題

１．国立大学のアドミッションセンター

九州大学，筑波大学，東北大学という国立大学３大学と公立大学である岩手県立大学に「アドミッションセンター」を名乗る組織が設置されたのが平成11年（1999年）のことである。それまで私立大学で広がりを見せつつあった「アドミッションズ・オフィス入試（AO入試，以下，原則としてAO入試と表記する）」を国公立大学にも導入する目的で設けられた新しい組織という位置付けであった。発足当初から東北大学に身を置くことになった筆者自身も「アドミッションセンター＝AO入試の実施組織」という認識であった。ところが，当時の文脈を振り返ってみると，必ずしもそれだけに納まらない事実が見えてくる。

１つはAO入試それ自体の曖昧さに由来する。2000年（平成12年）の大学審議会答申では，「アドミッション・オフィス入試に求められるもの」として挙げた５つの条件の１つに「専門的なスタッフの充実等十分な体制を整備すべきこと」があった。しかし，同時に「アドミッション・オフィス入試には明確な定義はなく，その具体的な内容は各大学の創意工夫に委ねられている（傍点筆者）」とされ，「アドミッション・オフィスなる機関が行う入試というよりは，学力検査に偏ることなく，詳細な書類審査と時間を掛けた丁寧な面接等を組み合わせることによって，受験生の能力・適性や学習に対する意欲，目的意識等を総合的に判定しようとするきめ細かな選抜方法の１つとして受け止められている（傍点筆者）」とされていた（大学審議会，2000）。すなわち，最初からAO入試の本質は「大学による自由設計入試

（倉元，2013）」であり，選抜の実施を担当する専門的なスタッフは不可欠な存在ではなかったのだ。

もう1つ，国立大学においては共通第1次学力試験の導入を機に，入試事務をつかさどる事務組織とは別に，個別大学に大学入試を研究する委員会組織を設置してきた経緯がある（鴫野，2020）。AO入試の実施組織であれば，「アドミッションズ・オフィス」という名称に統一されるのが自然である。しかし，実際には各大学のアドミッション組織はその使命や機能，役割が何なのか，認識のすり合わせが行われないまま，各大学の解釈に基づいて様々な名称で広がっていった。現に，筆者の所属する東北大学においても，東北大学「アドミッションセンター」として始まった組織が，現在は「入試センター」となり，近々，「アドミッション機構」という名称で再編される計画がある。このように，様々な呼称で呼ばれている組織が存在するが，本章でも慣例に従って「大学入学者選抜に何らかの形で関与する大学内の純粋な事務組織ではない組織」の総称を「アドミッションセンター」としている。

なお，本章のテーマは東北大学大学入試研究シリーズ第1巻第5章「国立大学におけるアドミッションセンターの組織と機能」（倉元，2020）で取り上げた内容の続報と位置づけられる。倉元（2020）では，倉元（2014）がウェブサイトで閲覧可能な規程類の記述から，アドミッションセンターの業務内容を「入試実施関連業務」，「入試広報・高大連携関連業務」，「入試研究関連業務」の3つに整理したことをベースに，さらに分類指標を数値化してアドミッションセンターの実像に迫ることを試みた。そして，最後に「さらなる調査研究の必要性」を説いて稿を閉じたが，本章では最後に残された「問い」に対して現時点での暫定的な解を与えることによって，今後の展望を示したい。

2．国立大学アドミッションセンター連絡会議20周年記念事業

国立大学アドミッションセンター連絡会議（以下，連絡会議と表記する）は，平成15年（2003年）6月4日に発足した国立大学のアドミッションセンターによって構成される任意団体である。運営は基本的に加盟校の運営委員の中から選ばれる6名の幹事に任されてきた。東北大学入試センターは，発足当初からのオリジナルメンバーである13機関の1つであり，先任の教授が

退職してからは筆者も幹事の1人として名を連ねてきた。幹事から1名が事務局長として選出される。会長は事務局長と同じ大学から立てるケースが多かった。

筆者が連絡会議の事務局長という立場を与えられたのは，コロナ禍が世界を覆っていた令和2年（2020年）6月2日の書面審議による総会においてであった。発足当初から，連絡会議の活動はお世辞にも活発とは言えない実態であった。大学入試センター主催行事である入研協[1]が開催されるのに合わせてプログラム開始前に総会を行い，内部で事例紹介や意見交換等を行うのがそれまでの活動のほぼすべてであったと言ってよい。コロナ禍の影響で入研協が中止となり，オンライン開催になったとたんに活動が袋小路に追い込まれ，連絡会議の存在意義が問われる事態に陥った。新任の事務局長として，この組織を自然消滅に導く可能性も考えた。しかし，連絡会議は会員校から年会費を集めて運営されている。年次総会には文部科学省の大学入試室の関係者を来賓で迎える慣習もあった。いい加減な運営は国立大学全体の問題に発展しかねない。

そこで，活性化のために最初に手がけたのはウェブサイトの構築である。連絡会議の存在を一般に，そして，構成メンバー自身にも示さなければならない。東北大学入試センターのメンバーに事務局員として連絡会議の運営に関わってもらうことにして，彼らの力を借りて連絡会議のサイトを立ち上げた。さらに，規約に基づいて4か条から成る連絡会議のミッションを策定し，ウェブサイトに掲載した。年次総会は，20年近くにわたって毎年実施してきた「東北大学高等教育フォーラム」との共催として，対面とオンラインのハイブリッド方式でシンポジウムを配信することとした。

そのような中で巡ってきたのが連絡会議設立20周年の節目である。第1回総会を基準に考えると，令和5年（2023年）6月に発足から20年を迎えることになる。事務局として20周年記念事業を企画する時点で改めて覚えたのが，一種の違和感と危機感であった。国立大学を取り巻く環境が年々厳しさを増す中，「アドミッションセンター」とは何なのか，いまだに当事者間で十分

1　国立大学入学者選抜研究連絡協議会。国立大学が法人化されたため，現在は常設の組織ではない。大学入試センターの行事として「全国大学入学者選抜研究連絡協議会（入研協）」が位置づけられて，毎年5月下旬頃に年次大会が実施されている。

なコンセンサスがあるとは感じられなかった。各大学がそれぞれの解釈に従って設置し，運営しているが，年々財政的に厳しさが増す国立大学には位置づけや役割が不明確な組織を抱える余裕はない。1人の幹事からも，この先所属大学でのポストが削減されるのではないか，といった話も出てきた。連絡会議の加盟機関は徐々に増えてはいるが，実際にはアドミッションセンターは整理縮小の対象になっているのではないかといった疑問が湧いてきた。連絡会議の10周年記念事業は，そのときの実態に即していたかどうかは別にして「アドミッションセンター＝AO入試の実施組織」というコンセプトで行われていた（国立大学アドミッションセンター連絡会議，2013）。20周年に当たっては，国立大学のアドミッションセンターとは何であり，連絡会議とは何をなすべき機関なのか。それ自体が問われるべき課題であることが明らかとなった。そこで，幹事会に新たなメンバーを加え，20周年記念事業実行委員会を構成し，国立大学を対象とした実態調査を実施することとした。

本稿の骨子はその調査報告から導かれたものである。

第2節　調査概要

1．調査票

調査は大学名および回答者名について記名式で実施した。調査票の構成及びその項目は20周年記念事業実行委員会の承認を受けた[2]。

調査票の構成は以下のとおりである。次節の構成は調査票の項目と完全には対応していない。

- 連絡会議非加盟大学向け（2項目）
- アドミッションセンターの現状（加盟大学およびアドミッションセンターをもつ非加盟大学向け）（20項目）
- 組織に関する項目（以後，組織項目と表記する）（10項目）
- 業務範囲に関する項目（以後，「機能項目」と表記する）（10項目）

2　倫理審査については東北大学高度教養教育・学生支援機構研究倫理委員会より令和4年（2022年）10月11日付で承認を得た。

• 第３期中期目標・計画期間の取組および将来展望に関する項目（全大学対象）（８項目）

２．調査対象，調査方法，調査時期，分析方法

調査対象は大学院大学を除いて学士課程をもつ国立82大学とした。連絡会議加盟大学が41大学（調査当時），非加盟大学が41大学であった。回答は特設ウェブサイトにアクセスして直接入力する方式を標準としたが，郵送された調査票に回答を記入して送付することも可とした。

調査票の送付時期は令和４年（2022年）11月であった。

組織項目，機能項目，それぞれに関する集計結果から，国立大学アドミッションセンター全体に関わる共通点を探り，クラスター分析を用いて，組織，機能，それぞれに関して類型化を試みた。

第３節　調査結果

１．回収率

82大学のうち，75大学（91.5%）から回答が得られた。連絡会議加盟大学は41大学中40大学（回収率97.6%），非加盟大学は41大学中35大学（回収率85.4%）であった。非加盟大学のうち20大学はアドミッションセンターに相当する組織があると回答した。その結果，調査対象数は60大学となった。

２．組織項目

2.1. 設立時期

設置年については，加盟大学のうち無回答ないしは連絡会議への加盟時期より後の年を記入した大学が６大学（15%）あった。矛盾があるので，とりあえず加盟年を設置年とみなすこととした。組織再編の時期を報告したとみられる。非加盟大学においては不明ないしは無回答が３大学（15%）あった。

内訳は図１－１の通りである。国の大学入試政策に則って整備された状況が読み取れる。アドミッションセンター初年度の平成11年（1999年）が３大学（５%），その影響下にあった平成13年（2001）年～平成16年（2004年）

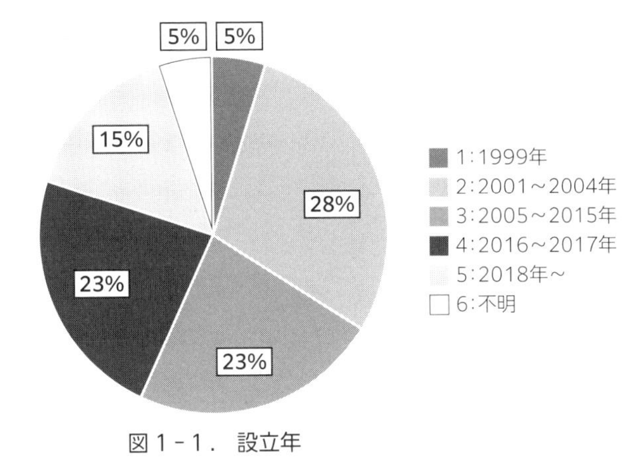

図１－１．設立年

が17大学（28%），新設の勢いが鈍った平成17年（2005）年～平成27年（2015年）が14大学（23%）であった。さらに，高大接続改革の開始を受けて機能強化経費の予算措置があった平成28年（2016年）～平成29年（2017年）が14大学（23%），平成30年（2018年）以降が９大学（15%）となった。組織の起点をどこに置くかという判断には悩ましいところもあるが，少なくとも，AO 入試の導入と高大接続改革の開始という２つの大学入試政策が契機となって，国立大学にアドミッションセンターが普及していった経緯が見て取れる。

2.2. 組織形態，構成，規程・規則

結論から言えば，一定の傾向を見つけるのは難しかった。

組織形態は「教育・研究組織」が45大学（75%），「運営組織」が９大学（15%）であった。また，学部入試を含む全学的教学組織の一部とみられる「上位組織の１部門」が35大学（58%），「単体組織」が22大学（37%），下位セクションを有する組織が31大学（52%），単一セクションが29大学（48%）であった。詳細な規程をもつのが47大学（78%），簡単な規程が３大学（５%），規程なしが10大学（17%）であった。

次に検討したのが責任者である「センター長」および「副センター長」の職階である。どのような立場の者が責任者となっているかで，大学内部における組織の位置づけがある程度分かるのではないかと考えた，その結果，セ

ンター長の職階は，「理事・副学長」が25大学（42%），「副理事・学長補佐」が 6 大学（10%），「アドミッションセンター専任教員」が 5 大学（ 8 %），他部局所属教員」が10大学（17%）となった。センター長に関する「規定なし・その他」が14大学（23%）あった。次いで，副センター長の職階は，「理事・副学長」が 1 大学（ 2 %），「副理事・学長補佐」が 5 大学（ 8 %），「アドミッションセンター専任教員」が11大学（18%），他部局所属教員」が12大学（20%），「該当なし」が17大学（28%）であった。「規定なし・その他」が14大学（23%）あった。

以上の結果により，組織形態からは各大学のアドミッションセンターの位置づけがまちまちである様相が改めて確認された。そこで，次に専任教職員の関与という観点から再分類を試みた。センター長が理事・副学長の「執行部型」は32大学（53%），センター長・副センター長のいずれかが専任教員の「専任関与型」は13大学（22%），センター長が他部局の教員「部局優位型」は15大学（25%）であった。やはり，一定の傾向は見えてこない。

2.3. 専任教職員数，アドミッションセンターの規模とステータス

専任教職員については「専任教員」と，通常の事務職員とは違って専らアドミッションセンターの業務に従事して異動のない「専任職員」，さらには有期雇用（任期付）と無期雇用（任期無）といった区別があって整理が難しい。

まずはアドミッションセンターに専従する構成員は教員なのか，専門職員なのかという問題である。大雑把に整理すると，かつての文部省が構想したような機関研究中心の組織であれば教員，総合型選抜（かつての AO 入試）の実施組織であれば職員が運営の中心を担うはずである。

結果は「専任教員」が所属する大学が35大学（58%），所属しない大学が25大学（42%）であった。一方，「専門職員」が所属する大学は10大学（17%）であり，所属しない大学が50大学（83%）であった。全体としてみれば職員よりも教員の方が優勢と言える。

次の質問は人事権に関するものである。当事者にとって人事権は重要な関心事だが，「独立した人事権」をもつ大学は 3 大学（ 5 %）に過ぎなかった。「実質的な決定権」をもつ大学 9 大学（15%）を合わせても12大学（20%）に留まっている。「決定に関与できる可能性」をもつ大学が22大学（37%）あ

る一方,「人事権がない」大学が25大学(42%)存在した。「その他」は1大学(1%)あったが,専任教員も専門職員も配置されていない組織であった。

さらに,アドミッションセンターの規模感を把握するために,教員,職員や任期の有無の区別なく所属する専任教職員の人数を集計した。結果を図1-2に示す。他と比較して格別に大規模な組織をもつ大学が3大学(5%)ある一方で,0名が16大学(27%),1名が13大学(22%),2名と3名がそれぞれ11大学(18%)であり,大半が3名以下の小さな組織であることが分かった。

アドミッションセンターの業務において,教員と職員の協力体制は重要である。教員,ないしは,専門職員と事務職員との組織上の切り分けが「出来ている」のは16大学(27%),「出来ていない」のが10大学(17%)であり,「教員,ないしは,専門職員のみの組織」が23大学(38%)であった。アドミッションセンターの定義上,少々不自然と思われる「事務職員のみの組織」も2大学(3%)存在した。

学部入試に関する意思決定に関わる権限[3]については「主導して意思決定」は5大学(8%),「全学の方針を起案,提案」は37大学(62%),提案された内容に「議論に加わる権限」は8大学(13%),「実施に関わる部分に一定の権限」は3大学(5%)であったが,命令に従って実施するのみで「意思決定に関わる権限はない」アドミッションセンターも2大学(3%)で存在していた。

組織項目の分析から導かれた結論としては,端的に,「組織を見ても分からない」としか言いようがない。何がアドミッションセンターであり,何を

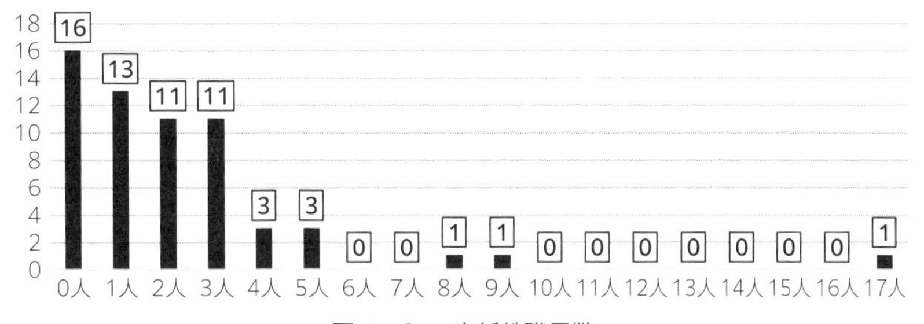

図1-2. 専任教職員数

3 質問紙の構成上は,組織項目ではなく機能項目として尋ねた。

求められているかは，組織の形からは見えてこない。

3．機能項目

先に結論を申し上げる。国立大学のアドミッションセンターに対して全体としてのイメージが描きにくかった組織の特徴に対し，機能に関してはある程度一致したコンセプトが見えてきた。以下，調査結果に基づいて具体的に記述する。

3.1. 調査研究・コンサルテーション

最初に，研究的な機能について尋ねた。結果を図１－３に示す。「選抜方法の改善等に関わる分析」は57大学（95%），「入試広報，学生募集に関わる調査」は56大学（93%），「入試結果，追跡調査の分析」は52大学（87%）に備わっていた。この３つの機能はアドミッションセンターの業務の一部であるという共通理解があると思われる。

一方，「自由に入試研究を行う機能」は37大学（62%），「指示に従った調査分析」は36大学（60%）とほぼ拮抗しており，大学入試の研究機関としての組織の自律性についてはその認識が相半ばする結果であった。

さらに，「学内他部局へのコンサルテーション機能」は24大学（40%），「対外的啓発活動」は30大学（50%）が保持しており，全体としては所属大学にとって有益となる調査分析を行う機関研究を行う組織という位置づけが強いと思われる。

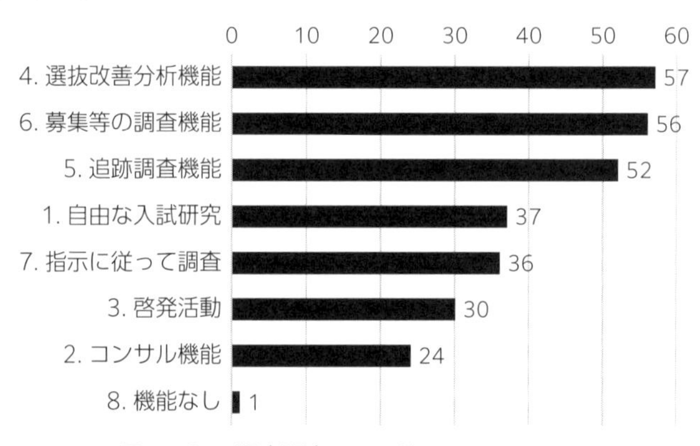

図１－３． 調査研究・コンサルテーション

3.2. 入試広報，学生募集，高大連携活動等

次に学生募集に直結する入試広報等の機能について尋ねた。結果を図1－4に示す。「企画立案」は56大学（93%），「受験生，教員，保護者等への広報実施」が55大学（92%），「高校訪問等」が51大学（85%），「オープンキャンパス，キャンパス案内等の実施」は45大学（75%）で業務に含まれていた。したがって，広い意味での学生募集活動はアドミッションセンターの業務として広く認識されていると思われる。

3.3. 選抜の実施業務

それに対して，選抜の実施業務は必ずしもアドミッションセンターの機能と位置付けられてはいない。結果を図1－5に示す。

「一般選抜」が最も多いが，それでも34大学（57%）に留まっている。かつてのAO入試である「総合型選抜」は33大学（55%）に過ぎない。「学校

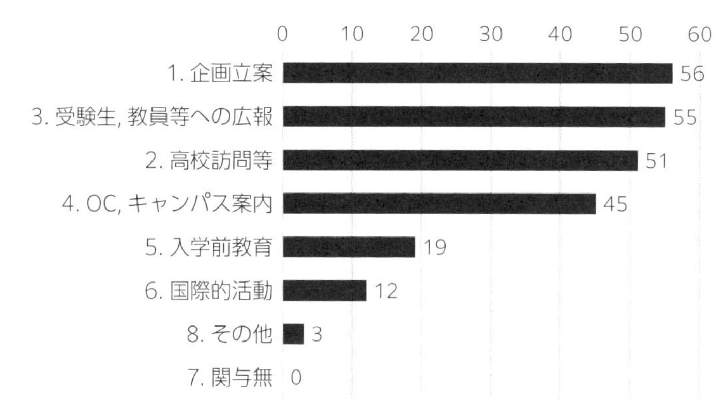

図1－4． 入試広報・学生募集・高大連携活動

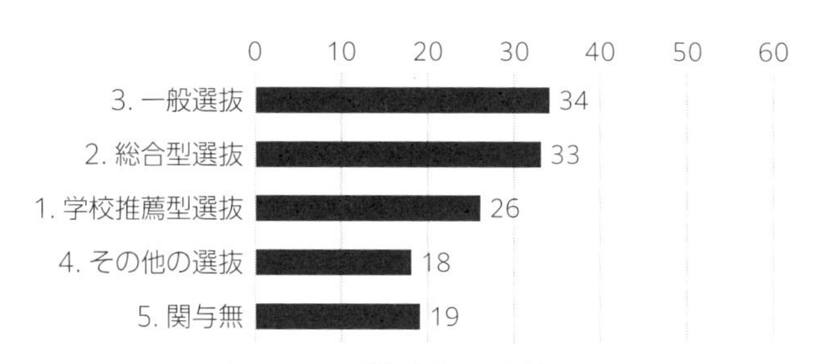

図1－5． 選抜実施への関与

推薦型選抜」は26大学（43%）と半数を割り込んでいる。「実施に関与しない」大学も19大学（32%）に上る。必ずしも入試を実施する実行部隊とは言い切れない結果となった。

選抜区分ごとに個別の機能を見ていくと，「調査・分析」が「総合型選抜」で45大学（75%），「学校推薦型選抜」で46大学（77%），「一般選抜」で49大学（82%）であった。全体として，実施より機関研究的機能が求められていることが分かる。

3.4. 入試関連業務全般

次に，一般的には純粋な事務組織である入試課で実施しているような入試関連業務全般に関して尋ねた。結果を図1－6に示す。大学によってアドミッションセンターの業務に含まれる大学と含まれない大学が微妙に相半ばする結果となった。

最も多くのアドミッションセンターが関与していたのが「要項類，各種パンフレットの企画業務」で46大学（77%），次いで「学内の連絡調整，支援業務」は42大学（70%）が担当している。以下，「学外組織への対応業務」は34大学（57%），「大学入学共通テスト（以後，共通テストと表記する）実施業務」は33大学（55%），「入試ミス対応，防止業務」は27大学（45%），「成績開示請求，情報公開等への対応業務」は19大学（32%）がアドミッションセンターの業務となっていた。「大学院入試，編入学入試実施関連業務」という，高校新卒者が志願者とならない入試区分の業務も11大学（18%）が担当していた。

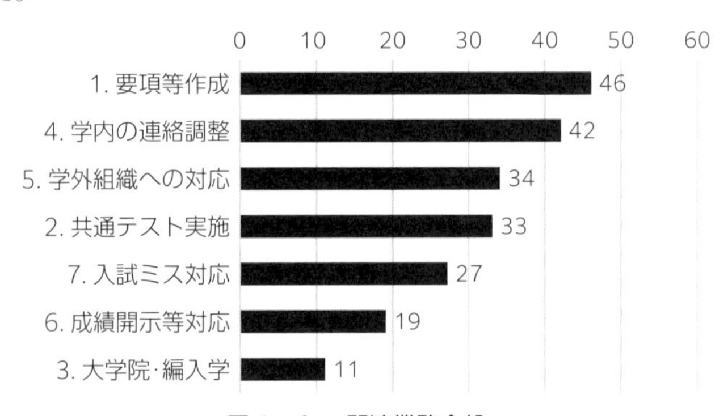

図1－6．関連業務全般

3.5. アドミッション人材育成機能

アドミッションセンターの現状を尋ねる項目の最後に，人材育成について尋ねた。図1－7に結果を示す。

一目瞭然であるが，アドミッション人材の育成機能は極めて乏しい。「アドミッションセンター所属教員が組織内でアドミッション人材志望の学生を指導する権限」を有する大学は皆無，「組織外」や「ポスドクを受け入れることが可能」なのも1大学（2％）であったが，いずれも東北大学入試センターである。大学教員を対象とした研修，ファカルティ・ディベロプメント（FD）や教職員対象のスタッフ・ディベロプメント（FD）ができる大学も3大学（5％）に留まり，「人材育成の機能がない」のが53大学（88％）と大半を占める結果となった。

4．中期目標・中期計画の中での位置付け

4.1. 中期目標・中期計画とは

国立大学の法人化を契機に，文部科学大臣の下に6年間を区切りとして国立大学法人の中期目標・中期計画が定められるようになった。すなわち，各国立大学法人は達成すべき業務運営に関する目標（中期目標）を定めて公表し，それを達成するための具体的な計画（中期計画）を提出して認可を受ける。さらに，毎年度，年度ごとの事業計画（年度計画）文部科学大臣に提出する，という仕組みである。大学が大学全体として運営している事業は中期目標計画に従って実施することになる。すなわち，中期目標・中期計画に明記されるということは，大学の事業としての公的な位置づけが与えられていることになる。

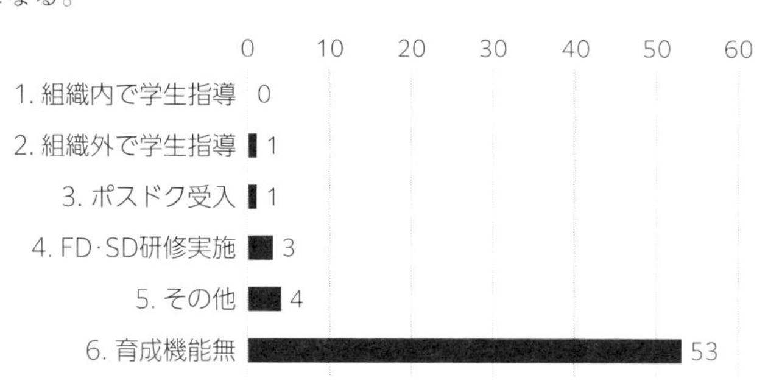

図1－7．アドミッション人材育成機能

調査が行われたタイミングは，第３期中期目標・中期計画期間（2016年度［平成28年度］～2021年度［令和３年度］）が終了し，第４期中期目標・中期計画期間（2022年度［令和４年度］～2027年度［令和10年度］）が開始された時期であった。

中期目標・中期計画は全国立大学に適用されるので，回答した75大学全てがこのセクションの対象となる。

4.2. 第３期中期目標・中期計画期間の取組

4.2.1. 財政支援

第３期中期目標・中期計画期間において，大学入学者選抜に関連する財政支援があった大学は44大学（59％）であった。支援内容の内訳を図１－８に示す。なお，（　）内のパーセント表示は全体を75大学として算出している。

最も目立つのが人員配置のための支援である。「専任教員（任期の有無は問わず）の配置」が31大学（41％）であった。そのうちの最大は３名で，該当は３大学（４％）あった。「専任職員教員（任期の有無は問わず）の配置」は14大学（19％）であった。

事業としては，「多面的・総合的評価の開発」が26大学（35％），「高大接続に関する調査研究」が25大学（33％）等々と続く。「アドミッション人材

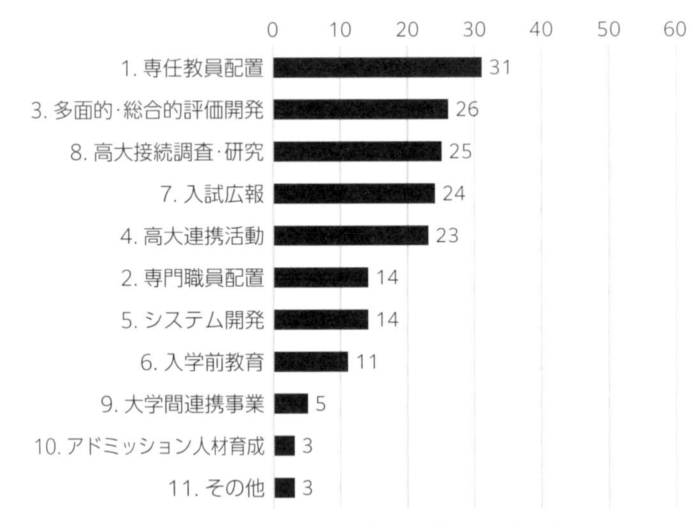

図１－８．第３期中期目標期間の財政支援

育成事業」も３大学（４%）で見られた。

4.2.2. 第３期中期目標への貢献

第３期における「入学者選抜に関する目標」に対するアドミッションセンターとしての貢献について尋ねたところ，財政支援を得た41大学すべてから何らかの回答を得た。

「全学的なマネジメントをする立場」が22大学（29%），「部局を支援する立場」が10大学（13%），「成果を生み出した実行部隊」が11大学（15%）であった。

4.3. 第４期中期目標・中期計画期間への展望

以上の結果を踏まえて，第４期中期目標・中期計画期間において大学が定めるビジョン等の中での記述に関して尋ねた。

第４期中期目標・中期計画の中でアドミッションセンターの整備や入試改革等の「記述がある」大学が24大学（32%），「記述はないが計画や指針はある」大学が17大学（23%）であり，合わせて41大学（55%）は大学全体の事業としての位置づけを得られていた。

それらの大学に期待される役割について５段階評定で尋ねた。「1. 全く期待されていない」～「5. 非常に期待されている」の平均を取った結果を図１－９に示す。

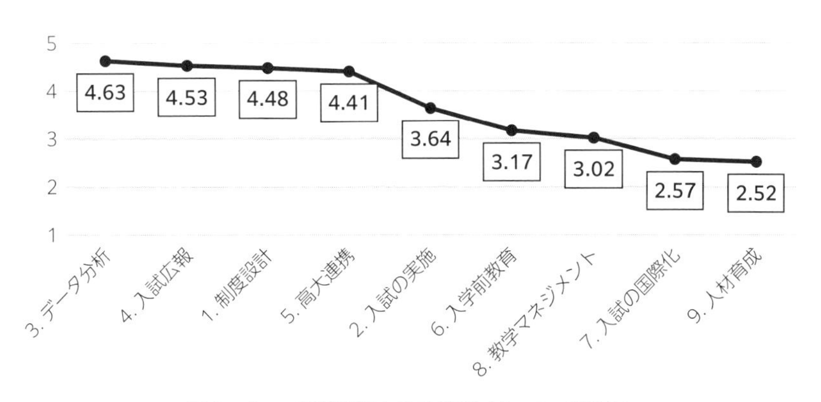

図１－９． 今後期待される役割（1～5の平均値）

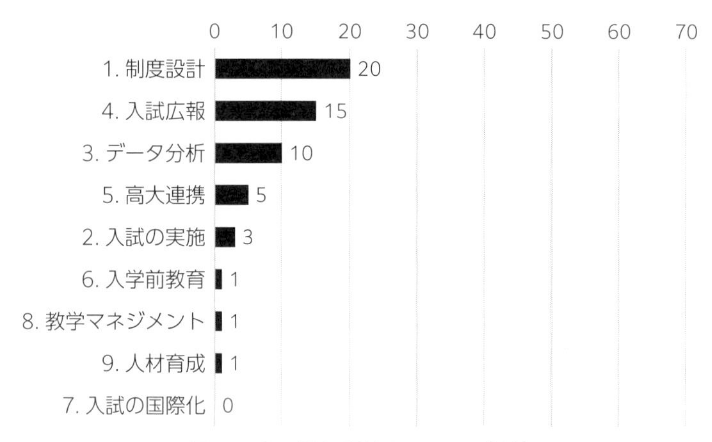

図 1 -10. 最も期待されている役割

結果は一目瞭然である。「データ分析」,「入試広報」,「高大連携」という3つの機能はこれまでもほとんどのアドミッションセンターが担ってきた機能である。それに加えてもう1つ,「制度設計」が平均値の順で第3番目に入っている。基本的にこれらが,今後,特に期待される機能ということになるだろう。

加えて,図1-10に示すとおり,その中でも「最も期待されているもの」について,1つだけ選択を求めた場合には,全体の3割近く(20大学,27%)が「制度設計」を選び,最多となった。すなわち,従来,アドミッションセンターの業務として認識されていた機能に加え,今後は個別大学における大学入学者選抜制度の設計が期待されていると言える。

5. クラスター分析による類型化

5.1. 国立大学におけるアドミッションセンターのグルーピング

ここまでの結果を総括すると,組織項目で共通の特徴を見出すことが難しかった一方で,機能については一定の共通要素が見えてきた。そこで,次に試みたのは類似したコンセプトに基づく機関の類型化である。

組織変数,機能変数のそれぞれで類型化を試みる。さらに,その類型ごとに第3期中期目標・中期計画期間の総括および将来展望に関わる特徴を抽出することを試みる。分類は階層的クラスター分析の手法を用いて計量的に行った。なお，分類に用いた変数等，方法の詳細は紙面の関係上，割愛する。詳細は倉元他（2023）を参照のこと。また，個別の大学名については，調査当時に国立大学におけるアドミッションセンターの幹事校であって調査主体になっていた大学のみを示すこととする。

5.2. 組織変数による類型化（組織類型）

最初に組織に関わる質問項目（以後，組織変数と表記する）を用いて分類を行った。その結果，6つの類型に分けるのが適当と判断された。図1-11にデンドログラムを示す。さらに，各類型の特徴は表1-1に示す通りである。なお，各類型の特徴づけに用いる変数には，一律「75%以上が該当」という基準を設けた。例えば，同じ類型に8大学が分類されていたとすれば，そのうちの6大学に当てはまる特徴を当該類型の特徴とみなした。逆に言えば，類型の特徴には必ず例外となる事例があることに留意すべきである。また，クラスター分析の場合，分類に用いる変数の取捨選択によって結果が大きく変わることがあり得る。さらに，類似度の基準を変えれば同一類型に分

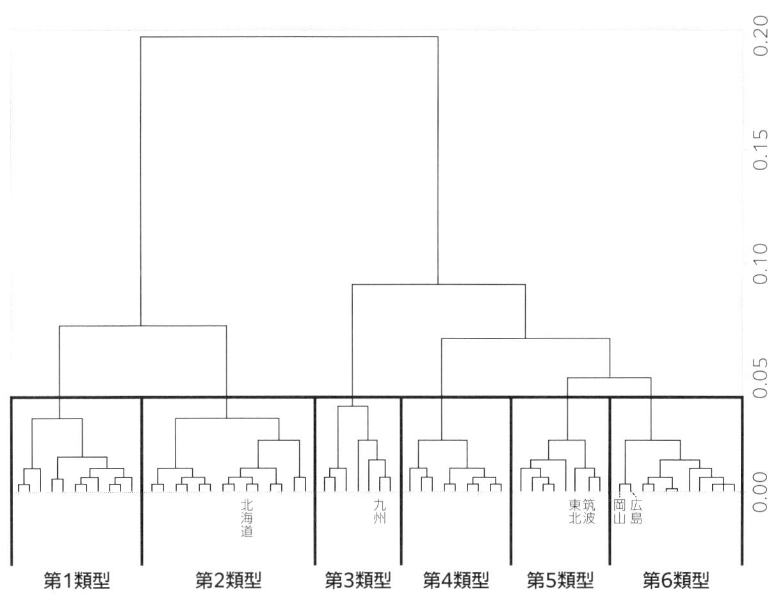

図1-11. 組織変数によるクラスター分析結果
（倉元他，2023，図1より作成）

表１－１．各類型の特徴（組織変数による分類）
（倉元他，2023，表３より作成）

	類型	幹事校	大学数	特徴
第１類型	執行部主導型	—	11	連絡会議非加盟，新設，**センター長が執行部**，小規模，人事権無
第２類型	小規模自律型	北海道	14	上位機関有，**小規模**，人事権無，**起案権有**
第３類型	運営中心型	九州	7	**一部運営組織**，起案権有
第４類型	後発型	—	9	**新設**，専任有，中規模
第５類型	大規模自律型	東北・筑波	8	大規模，専任有，**人事権有**
第６類型	大規模一体型	岡山・広島	11	大規模，専任有，**人事権無**

類されていた大学が下位類型に分かれる場合があるし，その逆もあるので，本書の分類は，あくまでも１つの解釈可能性の提示である。

「第１類型」は「執行部主導型」と名付けた。11大学が該当した。執行部からアドミッションセンター長が任命されているところで，連絡会議には非加盟の大学が多く，新設で小規模（専任０～１名）である。人事権はない。「第２類型」は「小規模自律型」とした。ここに北海道大学が含まれる。小規模で，人事権はないが，起案権がある。「第３類型」は「運営中心型」である。九州大学がここに含まれる。一部の大学が教育・研究組織ではなく，運営組織と回答したことから命名した。起案権はある。「第４類型」は「後発型」，すなわち，新設の組織である。

専任教員が配置されているところは多く小規模と大規模が混在している。「第５類型」の「大規模自律型」には筑波大学と東北大学，「第６類型」の「大規模一体型」には岡山大学と広島大学が含まれた。「第５類型」と「第６類型」は専任教員が複数配置されている点では共通するが，第５類型」が教員と職員の双方が所属する組織で切り分けが出来ており，人事権があるのに対し，「第６類型」は教員のみで構成された組織で人事権がないという点で，分類結果が分かれた。

5.3. 組織類型と中期目標・中期計画

以上の６類型それぞれについて，第３期，第４期の中期目標・中期計画で見られた特徴を整理したのが表１－２である。第４期については，記述の有無と組織規模の展望について表示した。なお，ここではクラスター分析の「75％基準」ではなく，相対的に最も多くあてはまった選択肢を記載した。

表1－2．第3期・第4期中期目標・計画期間における特徴（組織変数）
（倉元他，2023，表4より作成）

	類型	大学数	財政支援	第3期及び第4期の特徴
第1類型	執行部主導型	11	6（55%）	現状維持
第2類型	小規模自律型	14	9（64%）	**専任支援**，多面的評価支援，現状維持
第3類型	運営中心型	7	5（71%）	高大連携支援，現状維持
第4類型	後発型	9	8（89%）	専任支援，現状維持
第5類型	大規模自律型	8	7（88%）	専任支援，広報支援，調査研究支援，**全学貢献**，**第4期記述有**，**拡大**
第6類型	大規模一体型	11	8（73%）	全学支援，現状維持

「第2類型」の「小規模自律型」には第3期で専任教員に関わる支援が得られた大学が多かった。「第5類型」の「大規模自律型」には専任教員，入試広報，調査研究等，多岐にわたって支援が成された。また，これらの機関は第3期中期目標・中期計画期間では全学への貢献があった。さらに，第4期中期目標・中期計画期間においても記述があり，組織は拡大傾向にある。表1－2に鑑みると，今後の方向性は類型によって二極化していくように感じられる。

5.4. 機能変数による類型化（機能類型）

組織変数と同様に，機能変数を用いて階層的クラスター分析を行った。得られたデンドログラムを図1－12に示す。機能変数については，9類型が適切と判断した。なお，先述の組織変数による分類結果も説明変数の1つとして用いている。各類型の特徴は表1－3に示す通りである。

「第1類型」は，実施に関与せず，制度設計を行っていることから「指示型」とした。共通テストにも関与していない。執行部のメンバーでアドミッションセンターを構成し，全学に指示を出しているようなイメージである。「第2類型」は「調査分析型（制度設計無）」とした。このクラスターには入試広報に関する特徴が検出されず，調査分析の機能に特徴が見られた。「第3類型」には九州大学が含まれる。「調査研究型（実施重視）」とした。ミッションの一部に研究が含まれ，実施に関与している。「第4類型」には北海道大学が含まれる。機能から見て，入試課そのものと考えられるため，「入試事務型」と命名した。「第5類型」には「筑波大学」が含まれる。4大学のみで構成される最小のクラスターである。総合型選抜に特化した「総合型

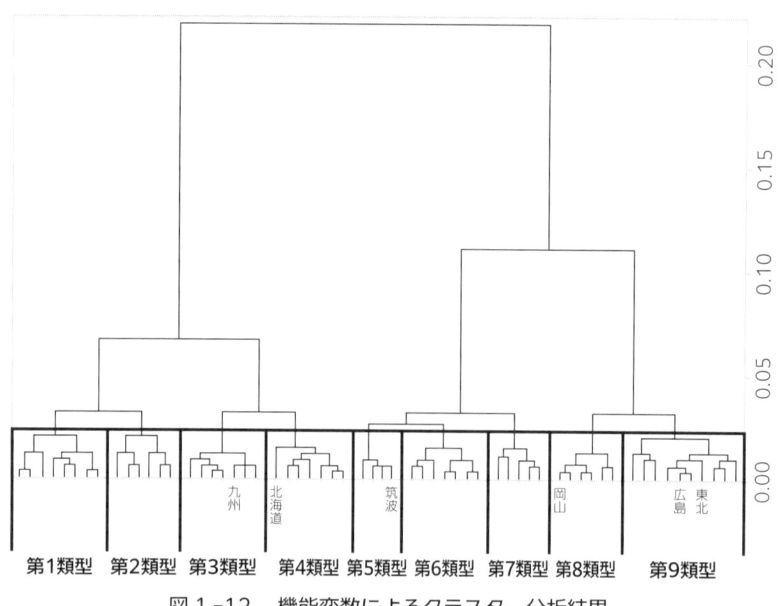

図1-12．機能変数によるクラスター分析結果
（倉元他，2023，図2より作成）

表1-3．各類型の特徴（機能変数による分類）
（倉元他，2023，表5より作成）

	類型	幹事校	大学数	特徴
第1類型	指示型	—	8	組織1・2，**実施関与無**，**制度設計有**，共通テ無等
第2類型	調査分析型（制度設計無）	—	6	組織1～3，広報特徴無，**調査分析有**，渉外無等
第3類型	調査研究型（実施重視）	九州	7	組織2～4，**研究有**，**実施関与有**，内部調整有等
第4類型	入試事務型	北海道	7	組織1・2，実施関与有，**入試業務全般全て有**等
第5類型	総合型選抜中心型	筑波	4	組織4・5，**総合型のみ実施関与有**，調査分析有等
第6類型	分析特化型（実施無）	—	7	組織2～4，広報有，**実施関与無**，調査分析有等
第7類型	基本機能型	—	5	組織3・4，**広報以外全て無**等
第8類型	調査研究型（分析重視）	岡山	6	組織6，**研究有**，**実施関与無**，調査分析有等
第9類型	実施中心型	東北・広島	10	組織5・6，広報有，**実施関与有**，内部調整有等

選抜中心型」であり，旧来のイメージに沿ったアドミッションセンターである。「第6類型」は「分析特化型（実施無）」とした。分析は行うが，実施の機能はもたない。「第7類型」は「基本機能型」である。入試広報以外の活

動には関与していない。入試広報に特化した組織とみられる。「第８類型」には岡山大学が分類された。「調査研究型（分析重視）」である。一見，「第２類型」と類似しているが，研究機能が付与されている。「第９類型」は「実施中心型」である。東北大学と広島大学が含まれる。多様な入試の実施に関与しているという特徴がある。

類型ごとに第３期中期目標・中期計画期間の位置づけと第４期中期目標・中期計画期間の展望をまとめたのが表１－４である。

旧来からのアドミッションセンターのイメージに最も合致する「総合型選抜中心型」の充実ぶりが目立つ。人的支援では専任教員に加えて専任職員への財政支援があり，広報，調査研究にといった機能にも支援が得られていた。また，第４期中期目標・中期計画期間には組織拡大の方向性が示されている。一方，「入試事務型」は専門職員への支援はあるが，それ以外の支援は「無」が目立つ。「基本機能型」は専任教員への支援はあったが，機能面では「高大連携」への支援であり，「アドミッションセンター＝入試広報組織」というイメージで固まりつつあるように感じられる。「分析特化型（実施無）」は第４期中期目標・中期計画期間では「機能のみ拡大」が予想されており，今後は多機能の業務が求められていく状況と見て取れる。

表１－４．第３期・第４期中期目標・計画期間における特徴（機能変数）
（倉元他，2023，表６より作成）

	類型	大学数	財政支援	第３期及び第４期の特徴
第１類型	指示型	8	4（50%）	多面的評価支援，現状維持等
第２類型	調査分析型 （制度設計無）	6	4（67%）	**専任支援**，多面的評価支援，広報支援，部局支援貢献，現状維持等
第３類型	調査研究型 （実施重視）	7	6（86%）	**専任支援**，多面的評価支援，現状維持等
第４類型	入試事務型	7	2（29%）	**専任支援無**，専門職員支援，現状維持等
第５類型	総合型選抜 中心型	4	4（100%）	専任支援，**専門職員支援**，広報支援，調査研究支援，**全学貢献**，**第４期記述有**，拡大等
第６類型	分析特化型 （実施無）	7	7（100%）	専任支援，**機能のみ拡大**
第７類型	基本機能型	5	4（80%）	専任支援，**高大連携支援**，現状維持等
第８類型	調査研究型 （分析重視）	6	5（83%）	多面的評価支援，**全学貢献**，現状維持等
第９類型	実施中心型	10	7（70%）	多面的評価支援，**全学貢献**，**第４期記述有**等

◆◇◆

第４節　国立大学におけるアドミッションセンターの将来

調査結果から，改めて国立大学におけるアドミッションセンターが多様であり，大学ごとに異なる認識の下に設立されて，ここまでの歴史を刻んできたことが分かった。それでも共通点として，入試に関わる調査分析，学生募集のための入試広報，高校と大学をつなぐ事業を行う高大連携の組織，という共通項は見えてきた。少なくとも，「総合型選抜の実施組織」とは言えない。もちろん，それに当てはまる組織もあり，そういった組織では今後も組織が拡充傾向にあることから，学内で総合型選抜とそれに関連するアドミッションセンターの役割が高く評価されてきたことが看取される。

研究機能を中心とするのも比較的多数のアドミッションセンターの特徴である。しかし，それは自由な入試研究というよりも，所属大学に何らかの便益をもたらす機関研究が中心と考えられる。専任教員へのニーズは存在するが，育成機能はほぼ皆無に等しい。専任教職員が配置されているアドミッションセンターの方が多いが，大半は１～２名程度の小さな規模であった。

国立大学のアドミッションセンターの将来像は，大学によって二極化しているように思われる。すなわち，今後，整理されて一部の機能に特化していく組織と規模も機能も拡大されていく組織に二分されるように思われる。鍵になるのは，現時点で主流となっている基本的な機能に加えて何が求められるかということである。鍵になるのが制度設計である。

わが国の大学入学者選抜制度は個別大学が主体となっている。すなわち，一定の制約の下で各大学が個別の大学入学者選抜のやり方を創意工夫することが前提となった仕組みなのである。深刻な少子化が進行する一方で，大学入試制度は一層複雑化している。適切な大学入学者選抜の設計を行うことが，今後の大学の生き残りの鍵になると思われる。調査分析活動は今後も求められる機能だが，その土台として自律した入試研究は必要不可欠になるのではないだろうか。

発足当初から見ると，国立大学におけるアドミッションセンターのイメージは，大きく変化しているように思われる。アドミッションセンターという学内組織にとって，その存在が大学にとって必要不可欠であると見られることが，何よりも重要である。それは，「大学内部の組織」であることの宿命である。現在の複雑な環境の下，大学入学者選抜においても確たる証拠に基づく意思決定が求められている。アドミッションセンターの専任教員とは，専門的知見に基づいて適切な意思決定を導くことができる人材ということになっていくのではないだろうか。ところが，現在はその育成機能，キャリアパス，活動基盤が存在しない心もとない状況に置かれている。これを整備，構築していくことが将来に向けての喫緊の課題となるだろう。

本稿の分析対象は国立大学に限定されている。もちろん，国立には国立，公立には公立，私立には私立の設置者特有の個別的な事情は存在する。しかしながら，本稿で提示した問題が国立大学のみに限定される事情はないと言ってよい。今後は設置者の枠を超え，さらには重要なステークホルダーである受験生側の視点にも目を配った，より大きな情報交換，意見交換，研鑽の場が必要と考える。あれこれと思いを巡らすだけにしては長い時間が経過した。いよいよ，小さな枠を超え，今後の発展につながる構想を行動に移すべきときが訪れたのではないだろうか。

付　記

本稿は，倉元他（2023）を基に全面的に書き直したものである。

謝　辞

本稿はJSPS科研費JP21H04409の助成による研究成果の一環である。

文　献

大学審議会（2000）．大学入試の改善について（答申）文部省 Retrieved from https://www.mext.go.jp/b_menu/shingi/gijyutu/gijyutu10/siryo/attach/1335667.htm（2024年2月17日）

国立大学アドミッションセンター連絡会議（2013）．国立大学アドミッションセンター連絡会議20周年記念誌 Retrieved from https://www.januac.jp/newsletter/（2024年2月17日）

倉元 直樹（2013）．自分が面倒を見る学生は自ら選ぶ，AO入試・入学者ランキング，2014年版大学ランキング（pp.64-65）朝日新聞出版

倉元 直樹（2014）．アドミッションセンターの役割――大学入試に関する研究機能を中心に――　繁桝 算男（編著）　新しい時代の大学入試（pp.130-152）　金子書房

倉元 直樹（2020）．国立大学におけるアドミッションセンターの組織と機能　倉元 直樹（編）「大学入試学」の誕生（pp.58-71）金子書房

倉元 直樹・池田 文人・永田 純一・久保 沙織・宮本 友弘・西郡 大・竹内 正興・長濱 裕幸（2023）．国立大学における「アドミッションセンター」の現在地――国立大学アドミッションセンター連絡会議20周年記念事業の成果から―― 教育情報学研究，*23*，65-81．

鴨野 英彦（2020）．国立大学におけるアドミッション・オフィスの系譜 倉元 直樹（編）「大学入試学」の誕生（pp.18-37）金子書房

アドミッションセンター専任教員の役割に関する一考察

永田　純一

◆◇◆

第１節　はじめに

我が国において，平成16年（2004年）に実施された国立大学の法人化（以後，法人化と略す）は，その前後において大学入学者選抜とその実施体制の性質に変化を与えたのであろうか。それまで一般入試と推薦入試が中心であったものから新たにAO入試（アドミッション・オフィス入試）が東北大学，筑波大学，九州大学において国立大学として初めて導入されたのは，この法人化以前の平成12年度（2000年度）入試からであった。また，この３大学では新たな入試方式であるAO入試導入のために，アドミッションセンターが平成11年（1999年）に設置されている。

筆者が所属する広島大学においても，平成13年（2001年）にアドミッションセンターが設置され，設立当初は副学長がセンター長を兼務し，３名の専任教員が担当することとなった。アドミッションセンターはその後，平成18年（2006年）には入学センターへと名称が変更され，その役割もAO入試の制度設計と広報を主とするものから全学の入試全体を所掌する部署へと拡大した。専任教員は最多の時期には４名が配置され，さらに大阪と福岡に入試広報を担当業務とする地域オフィスが設置され，それぞれ客員教授が配置された（森島・杉原・村田・永田，2024）。

その後，センターの業務所掌には，高大接続事業を含めたものへと変化し，現在の教員配置は教授１名，任期付き（更新あり）の学術研究員２名（称号は特命教授，特命准教授），その他に教育研究推進員（称号は特命教授）２名の体制である。このように，広島大学においても過去20年ほどの期間にアドミッションセンター（専任教員が配置された大学入試に関する業務を主とするセンター）は，複雑な経緯をたどっている。

法人化以後，国立大学は自大学の個別性をより打ち出し，大学間の競争原理が導入されたといわれている。大学入試は，このような個別性と競争性が如実に現れる場であるとすれば，法人化の影響は，各大学の入試制度，さらにアドミッションセンターの役割の変化に強くみられるのは想像に難くないと思われる。

本稿では，21世紀初頭の20年ほどを振り返り，国立大学におけるアドミッションセンター専任教員に求められてきた役割と実際の変化に関して広島大学の場合を一事例として整理してみたい。それに加えて，他大学との類似点と相違点の検討を行ってみることとする。最後に，今後10年程度を見据えて将来への展望を探ることとしたい。

第２節　広島大学におけるアドミッションセンターの役割の変遷

前節で述べたとおり，最初に教員が配置された入試に特化した部署の名称は広島大学アドミッションセンターであった。附属高校に勤務していた教員１名が大学の教員として採用され，その他に教授１名，助教授１名の体制であった。当時の中国新聞の記事には以下のような紹介がなされている。

> 『アドミッション・オフィス入試の拠点　広島大にセンター　広報や学部へ助言』　広島大は二十五日，東広島キャンパスに，アドミッションセンターを開設した。人物評価を重視し，自己推薦制を柱とする「アドミッション・オフィス（AO）入試」の来年度導入に向け，広報や各学部へ指導，助言などをする（中国新聞，平成13年（2001年）４月26日付朝刊）

平成14年度（2002年度）入試からAO入試の導入が計画され，そのための検討が開始されたのである。それまでは，教務委員会の下部組織にて入試データの追跡調査等の分析とその結果を踏まえた提言等がなされていた。この組織には全学から統計を専門とする教員が委員として参加し，分担して分析を行っていた。

一方，これら3名の教員はアドミッションセンターではなく，高等教育研究開発センターに所属してセンター業務を担う仕組みとなっていた。設置時に発行された活動広報誌『かけはし』の巻頭言には次の文言が見出される。

> まず最初に戸惑ったことは，AC（アドミッションセンター）の制度上の位置づけである。設立時に本部3階にアドミッションセンターの看板のかかった部屋があてがわれ，事実上AC専属といえる（中略）3人の教官が配置され，順調なスタートを切ったように見えたが，彼ら3人の教官は制度上，高等教育研究開発センターに所属している。また事務官は入試課と兼務である。（中略）後で述べるように，私は将来的にはACが広島大学の入試実施本部的な機能を持つことが望ましいと考えているので，AC制度上の位置づけを確立することが重要であると思う（広島大学アドミッションセンター年報〈創刊号〉における教育担当副学長「巻頭言」より）。

制度上は過渡期であり，センターの当初の目的がAO入試の定着にあることは以上から窺えることであるが，巻頭言の文言からは，アドミッションセンターに対しては，AO入試のみならず全学の入試制度全体を所掌することへの期待があったことがわかる。

そして3年後の平成16年（2004年）には，アドミッションセンターは入学センターへと拡充され，さらに前述の制度上の位置づけがより明確になり，教員は入学センター専任として配置されることになった。専任教員は教授2名，准教授2名である。さらに2年後の平成18年（2006年）には，副学長等による併任ではなく，初めてセンター専任教員がセンター長に就任した。同時に新たな取り組みとして，大阪，福岡にそれぞれ入試広報に特化した学外オフィスを設置した。大阪には客員教授1名と事務職員（非常勤）1名，福岡には客員教授1名といった体制である。現在（令和5年（2023年）は大阪のオフィスも教員1名のみとなったが，18年間その活動を維持し続けている（森島他，2024）。

さらに翌平成19年度（2007年度）も併任ではなく，センター専任教員がセンター長となり，教員配置は教授1名，准教授3名の計4名となった。筆者はこの年に採用されたが，この時点での教員それぞれの背景（前職）は，教育委員会，高校教員，予備校アドバイザー，私立大学准教授（筆者），と4者とも異なっており，このことは，広島大学がいかに学外の動きを捉えることに力を注いでいたかの現れであろうし，逆に言えば学内関係者では補えないという判断のもとであると想像される[1]。

余談だが，筆者が採用された平成19年（2007年）とその翌年までは専任教員の執務室は，事務職員とは別であったが，平成21年（2009年）からは入試担当事務部署と同一の事務室内に執務デスクが移設され，まさに教職協働を具現化する方向が強化された。センターの性質も，立ち上げ時のアドミッションセンターの際には，調査・研究が主である教育職という側面が強かったと思われるが，このころからは業務センターとしての性格が強くなり，広報活動，入試制度設計，入試実施の運営側の職務が主となってきた。これは，教員としての教育・研究上の役割の拡大というよりも，業務を実施する事務系職員としての専門職の側面が大きくなる方向に舵が切られたとも解釈できる。教職協働については，第4節で改めて取り上げてみたい。

このように教員の役割の変化とともに，教員の業績評価についても変化が生じた。つまり，学内の他のセンターも含めて，教育・研究を中心とするセンターと業務を中心とする業務センターに分けられ，各教員の評価も，教育，研究，学内運営，センター固有業務等として，教員が配属されているセンターの役割に応じて，それぞれの項目の重みを変化させることを可能としたのである。加えて，広島大学では，KPI（Key Performance Indicator）の指標を重視することとなり，さらにこのKPIについても，A-KPI, B-KPIの2つが導入された（相田，2017）。

教員の評価方法がこのように変更されたことから，逆に，業務センター専任教員はその業務を主に担当することで業績としては高く評価されることとなる。その一方，職務の内容が教員である必然性がいずれにあるのか，あるいは別の言葉で言い換えると，事務系職員の専門職ではなくて，なぜ教育職

1　筆者の専門領域は採用当時は理論物理学・情報学という自然科学系であったが，その後，大学入試に関連する研究分野を対象とすることとなり，現在の業績評価対象の学術領域は教育学である。教員評価については第3節を参照されたい。

が必要なのか，といった点を検討せざるを得なくなった起点にもなっていると思われる。教職協働の推進に関する話題が，独立行政法人化前後において特に議論が活発化していたことを考えると，入試や教務，さらには研究についてUEA（University Education Administrator），URA等の導入が進んできた経緯に重なる点でもある。

その一方，広島大学入学センターにおいては，このような大学専門職員としてのUEA等は配置されず，ある意味，専任教員がその役割を果たしてきた。そのことを可能とする制度としてもKPIによる評価が有効であったのではないか，と考えられる。

次に大きな変化が生じたのは平成31年（2019年）4月に実施された高大接続部門の追加である。これと同時にセンターの名称は，入学センターから高

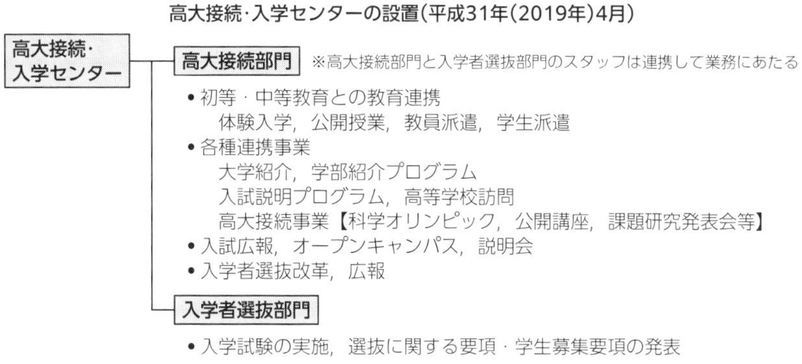

高大接続·入学センターの設置(平成31年(2019年)4月)

高大接続·入学センター

高大接続部門　※高大接続部門と入学者選抜部門のスタッフは連携して業務にあたる

- 初等・中等教育との教育連携
  体験入学，公開授業，教員派遣，学生派遣
- 各種連携事業
  大学紹介，学部紹介プログラム
  入試説明プログラム，高等学校訪問
  高大接続事業【科学オリンピック，公開講座，課題研究発表会等】
- 入試広報，オープンキャンパス，説明会
- 入学者選抜改革，広報

入学者選抜部門

- 入学試験の実施，選抜に関する要項・学生募集要項の発表

■設置目的・背景

18歳人口は，2018年に約118万人になり，その後も減少傾向が続いて，2032年には100万人を割って約98万人になると予測されている。一方で，浪人を含む4年制大学への進学率は，50%前後で推移しており，今後，大幅に向上しない限り，大学入学者数の減少は避けられない。これらを踏まえ，教育室業務センター「入学センター」と「エクステンションセンター」を統合した「高大接続・入学センター」を設置し，初等・中等教育を含む高等学校との連携機能を強化し，新しい時代にふさわしい高大接続の実現に向けた大学入学者選抜改革を推進し，優秀な学生の獲得を目指す。

■設置のポイント

○ 高校生を対象とした事業を通して大学入試とのスムーズな接続を実現
（大学入試という「点」から高等学校との連携という「線」への転換）
○ 高等学校訪問等を充実させ，高等学校と大学の連携強化
○ 高校生や高等学校からの窓口を一本化することにより，ワンストップ型の学内横断的体制を実現
○ 入学者選抜改革を積極的に推進し，情報発信する取組の加速

図2-1．広島大学高大接続・入学センターの各部門と設置目的・背景並びに設置のポイント

大接続・入学センターへとさらに拡大した（図2-1）。この際，JST（科学技術振興機構）から支援を受ける2つの新規事業（グローバルサイエンスキャンパス，ジュニアドクター育成塾）が同時に採択されたことから，1名の教務補佐員が追加され，さらに事務組織にも高大接続業務を担当する部門が新設された。ただしその雇用は採択事業経費から人件費が支出されていることから，事業終了後には，いわゆる大学による自走化（外部資金の獲得と自大学の経費負担による事業継続）が求められるものである。

このようなセンターの役割変化の過程における教員配置は，センター内で定年等の退職，その補充等を経て，専任教員体制が4名から3名（教授1名，准教授2名），さらに2名（准教授2名），2名（准教授1名，特任准教授1名），3名（准教授2名，特任准教授1名）といった動きを経て，現在は，3名（教授1名，特命教授1名，特命准教授1名）となっている。なお，大阪と福岡の地域オフィスにそれぞれ1名の教員を配置する体制に変化はない。

◆◇◆

第3節　教員の業績評価について

本節では，広島大学において教員を対象とした評価に活用されているKPIについて，少し具体的な内容を示してみたい。前節で紹介したKPIは，スーパーグローバル大学創成支援事業のプロジェクトとしても学外に表明されていることからこの点も踏まえてまとめてみる（相田，2017）。

AKPIについては，スーパーグローバル大学創成支援事業関連の広島大学内のサイトにおいては次のように説明されている。

> 広島大学は，10年後に世界top100の大学となること，および，研究と教育の両面において大学として最大の結果を出すため教員を適切に配置できるようになることを目指しています。この目標を達成する道筋を明確にするために，本学独自の目標達成型重要業績指標AKPI®（Achievement-motivated Key Performance Indicators）を設定しました[2]。

2 「徹底した大学のモニタリング」https://www.hiroshima-u.ac.jp/sgu/page02-02
AKPIは商標として登録されている。

基本的には，AKPI は教育職である教員の研究・教育の成果を示す指標であり，公表論文，大学院生指導，授業担当数等により量と質を示す指標になっている。論文については，SCI 論文とそれ以外を区別し，掲載論文の質の違いを意識したものである。

一方，BKPI（Basic Effort Key Performance Indicator）という別の指標も導入されており，こちらは，教育，研究，社会貢献，大学運営，診察，センター業務がその項目であり，アドミッションセンターとしての入学センター専任教員は，AKPI，BKPI 導入時にはどちらかといえば，この BKPI の指標を中心に評価されることとなった。もちろん，専任教員の専門分野における論文採択数が増えることで，AKPI の数値は上昇するので，どの程度のエフォートとするかは個々の教員の判断である。概していえば，たとえばセンター専任教員の昇任等にかかわる項目としては，一定の AKPI の値を求められるが，重視されるのは BKPI のセンター業務，大学運営等であり，このような柔軟な教員評価を可能とする点が，AKPI と BKPI をセットにした評価方法の特徴になっている。

ところで，筆者は平成19年（2007年）に採用され，更新ありの 3 年任期の契約で雇用が開始された。当時は，まだ KPI 評価以前であったが，KPI の指標に類似した項目で更新時の評価がなされていた。つまり，センター“固有”業務を重視した評価であり，実際には，入試広報活動，入試制度設計，入学者の追跡調査等が主なものであった。この点からいえば，すでにそのときから，大学における教育・研究を主に担当するというよりも，UA（University Administrator：大学アドミニストレーター）に近い業務内容である。なお，当時から授業担当，学部・大学院等の論文指導等は担当せず，もっぱらこのようなセンター固有業務が中心となる職務であれば，教員ではなく UA を配置する可能性もあったと思われる。

ただ，振り返ってみると，入試の制度設計を行う場合に，学部との調整や大学入学後への接続を検討する必要性があることから，この点は，自身の役割としては大学の学部教育の経験が活かされたように考えている。大学院を修了し博士号取得直後に，UA としてアドミッションセンターの業務を担当した場合には，入試制度を作り出す作業で生じる学部との調整や全学での統一への道筋づくり，さらに入試広報における重視すべきポイントの抽出等の場面では難しさを感じるのではないだろうか。

もちろん，そもそもOJT（On the Job Training）で職能を高めることがアドミッションセンター教員には必須でもあろうことから，OJTを重視した職能育成をUA採用時に計画することで，この課題への対応が可能でもあるかもしれない。ただその場合には，OJTを指導する「教員」が必要になるのではないだろうか。実際には，この指導するアドミッションセンター「教員」の存在が極めて重要であり，そのことを踏まえればやはり「専任教員」であることが望ましく，他の部局に所属しつつ併任としてアドミッションセンターのOJTを指導することは難しいと考えられる。

なお，OJTで指導を受けつつ職能を高めたUAが，将来的には逆にOJTを指導する側である「専任教員」となるキャリアパスも想定されるのではないか。大学院教育において大学アドミニストレーターを育成する大学院課程が我が国においても設置されているが，このようなOJTのような実習経験をそのカリキュラムに含めることも1つのアイデアである。

◆◇◆

第4節　教職協働

第3節ではアドミッションセンター専任教員の職務内容について，センター固有業務の存在とその評価方法としてのKPI指標について記述したが，本節では，職員側からのアドミッションセンター業務への関与について，検討してみたい。ケーススタディとしては，広島大学において，国立大学で初めて学部入試の全てにおいてインターネット出願（WEB出願と呼称される場合もある）システムを導入した際の経緯をたどってみる（杉原・高地・永田・下山・石田，2016）。

大学入試において当時は，一部の私立大学では大規模に導入されていたが，国立大学ではまだ少ない状況であり，そもそも導入するメリットがあるのか，という議論が大きかった。杉原他（2016）でも述べているが，当初の課題意識は，事務手続（特に海外からの送金）の改善であった。

最初からインターネットによる出願システムに注目し，そのまま導入を決定したわけではない。当初の課題意識は，大学院課程の入学者選抜及び研究生の受入れ時における外国人志願者の入学検定料収納手続の改革にあった。入学検定料の確実な入金を実現するために，収納代行システムを構築・活用したいと考えたものである。（中略）その後，平成25年（2013年）に至って，学士課程入試全体をインターネット出願で処理するシステムの導入について，情報収集と導入の検討を集中的に進めることになった。これは大学のグローバル化への対応にはインターネット出願システムの構築が極めて重要であるとの認識に基づくものであるが，検討が飛躍的に進んだのは学長のリーダーシップによるところが大きい（杉原他，2016）。

つまり，入試における事務手続き上の課題解決についてはアドミッションセンター（入学センター）が直接の部署であり，関与する職員からの課題意識の提示により検討がスタートしているが，そのことをセンター専任教員，さらには大学の執行部とも広く共有することで，個別の改善案件が，大学全体に関わるプロジェクトへと展開したのである。これはもちろん，アドミッションセンターの設置以前でも，たとえば，入試課と全学入試委員会とで協働して検討することも可能であったとも思われるが，やはり，課題の認知から現実の実行プランへの移行には時間を要したのではないだろうか。またアドミッションセンターと大学の執行部との課題の共有が重要であったことは，上述の杉原他（2016）の指摘からも裏付けられる。

実は「インターネット出願システムの導入について情報収集と導入の検討を集中的に進める」（前述）ことが学内的に必要となる外的要因がこの時期には存在していた。ちょうどこの年に公募が開始された文部科学省によるスーパーグローバル大学創成支援事業への申請内容の検討と時期が重なったのである。そして，広島大学の構想に含まれる取組みの1つにまさに「グローバル入試の標準化」が含まれることとなった。この内容には，インターネット出願システムの導入のみを含むのではなく，その他に，SAT（学部入試），GRE（大学院入試）等の世界の学力テスト結果を活用すること，関連して英語による学位コース拡充等様々な施策により，国外からの留学生の飛躍的な増加を目指すものであった。

このときの「グローバル入試の標準化」の原案には，当時の事務職員の考えが色濃く反映されているのであるが，担当事務職員の長年の経験と蓄積された知識を踏まえ，現在の視点から振り返ってみれば，ほぼ専門職員としての役割を果たしていたように思われる。これは，入試手続き全体を俯瞰する能力が必要であり，出願における書類の整理・保管，合否判定への一連の流れ，合格発表後の入学手続き，そして入学後の教務システムとの連携である。全体のプロセスのいずれに難しさがあり，ボトルネックがあるのか，経験した事務職員でなければ一般の学部所属教員では困難である。また，この時期にはアドミッションセンター事務職員として，入試広報活動にも豊富な経験を有しており，保護者や高校生・受験生のニーズについても一定の知識を有していた。事務手続きの質問対応等を通して，受験生側のニーズに気づかされることも多いようで，現場の経験が生かされたのである。

このような背景のもと，平成27年度（2015年度）入試から紙と併用ではあるが，広島大学の学部入試では全ての入試においてインターネット出願システムの活用を開始することが可能となった。当初の課題意識の発現からシステムを導入するための入札，さらには将来構想までの流れについては，杉原他（2016）において詳述しているので参考にされたい。著者5名のうち，3名はアドミッションセンター（入学センター）専任教員であるが，他2名は事務職員であり，教員と職員による共著論文として掲載されている。このように，事務職員が学術論文の著者として研究成果（または実践報告）を発表する機会がもっと増えてもよいのではないだろうか。もちろん，現在，多くのアドミッションセンターに配置されている専門職員であれば，より論文作成の機会も増えると考えられるが，そうでなくとも一般の事務職員が著者に加わる機会があってもよいように思われる。さらにいえば，アドミッション（大学入学者選抜）の分野においては，特にこのような教職協働が良い意味で発揮できる場であるはずである。

本節では，事務職員の視点からアドミッションセンターにおける業務改善への関与の事例を示した。ここでは特に，出願手続きを主な対象としたインターネット出願システムの導入時における動きを取り上げたが，アドミッション（大学入試）においては，その他に，入試広報業務，そしてもっとも負荷がかかると考えられる入試実施部分（問題作成，採点，合否判定）が存在する。本稿では詳細については割愛するが，いずれにおいても事務職員の役割は大きく，その視点抜きには業務が完結しない。入試実施部分については，特にいかにして出題ミス，あるいは入試の実施上のミスを防ぐかが極めて大きな課題である。この部分に関する教職協働については他の論文を参考にされたい（西郡，2008；西郡・倉元，2009）。

第５節　アドミッションセンター専任教員の役割

前節までにおいて，広島大学のアドミッションセンター（現在の高大接続・入学センター，並びに旧入学センター/アドミッションセンター）のこれまでを振り返り，教員体制，さらに事務職員との関係について概観してきた。本節では，以上の流れを踏まえて，現在のアドミッションセンター（高大接続・入学センター）の役割について，分析してみることとする。

１．入試広報活動

入試広報活動においては，おおよそ他のアドミッションセンターと同様の動きではないかと思われる。大まかにいえば，大学主催の説明会（受験生，高校生，保護者，高校教員等）はアドミッションセンター教員が主導で企画を行い，職員と共に実施する。なお，以前から在学生（学部生・大学院生）による学生スタッフが参画して広報活動を行っていたが，過去３年のコロナ禍により，学生間の世代間伝達がなされておらず，令和５年度（2023年度）の説明会の学生スタッフに対する研修は一からやり直すこととなった。もちろん，コロナ禍においてもオンラインの説明会には学生スタッフも参加していたが，対面でのコミュニケーション力が問われることから，これも学生スタッフにとってのOJTになっている。

なお，毎週土曜日に福岡と大阪に設定している地域オフィスが個別の相談対応を行っていたが，これをオンライン化することで，土曜日でも全国から相談対応を行うことが可能となった。広報活動におけるオンラインツールの活用は，リアルタイム / オンデマンドにかかわらず，今後の大きな取り組むべきテーマと考えている。このような点について教職協働をさらに進めることが必要であり，互いのスキルや知識をうまく組み合わせていくことがますます重要である。

その他に，高等学校・教育委員会等を訪問し，最新の情報の提供を行ったり，あるいは意見交換を行うことも多々生じている。この場合，高校での教育経験を有する教員または専門職の職員であれば，より深い意思疎通が可能と思われる。アドミッションセンター教職員の体制において重要な点である。

さらには海外在住者に対する英語による説明会もまれに実施している。これはまさにコロナ禍のため，世界中でオンラインコミュニケーションが普及したためであるが，一定の英語力や異文化コミュニケーション能力のスキルが求められる。ただし，この部分については，学内の国際交流担当部署との連携が極めて有効である。

2．入試実施における実務――募集要項作成，試験実施における様々な役割

職員との協働において最多の時間となるのが実際の入試実務であろう。詳細については触れることは難しいので割愛するが，この内容もケースによって非常に多岐にわたる対応方法が求められる。仮に入試専門家を養成する大学院課程があったとして，事前の実習でこの実務を経験することがあればかなり有効ではないか，と考えられる。結局，入学者選抜方法が時とともに変化すれば，それまでに得た知識やスキルをそのまま使うのではなく，状況に応じて変化させざるを得ず，まさに，OJT によってスキルが身につく現場である。教育実習，看護実習等のように事前の実習が有効ではないかと思われる。想定外の危機事象の発生に対してもこのような事前実習が有効であることは，容易に想像できる。

3．入試制度設計――新入試および入試の変更等における立案と部局との調整

新たな入試の設計，あるいは既存の選抜方法に問題がある場合の改善策の提案といったことが，まさにアドミッションセンター発足当初から求められた役割である。そのために様々な情報を収集し，分析するいわゆるデータサイエンティストとしてのスキルを身に付ける必要がある。一方，教育接続を踏まえれば，高校教育と大学教育の双方に精通する必要がある。令和５年

（2023年）９月に示された日本学術会議からの報告（日本学術会議，2023）においては，まず，教育（カリキュラム）接続に関して，

> 教育の質保証という点から，33 のディシプリンにおいて「大学教育の分野別質保証のための教育課程編成上の参照基準」が作成されている。ただ，いずれも個別の教科とディシプリンの関係にとどまり，それらを包括した高大の教育接続の在り方の検討には至っておらず，それを今後の課題とする（日本学術会議，2023, p.iv）。

といった指摘が示され，大学教育の「ディシプリン」と高校教育の「教科」との関係に対するより深い考察を求めている。

また，高校から大学への進学プロセスにおける「セグメント化」について，

> この教育内容・選抜方法・学習者の社会的属性などによって高校から大学への学習者の移行パターンが細かく断片化し，多様な高大接続が並存するようになった状況を，本報告では「セグメント化」と命名する。高大接続の具体的在り方を議論する前に，このようにセグメント化された高大接続のパターンをおさえておくことは必要かつ有益である（日本学術会議，2023, pp.14–15）。

のような指摘もなされている。いずれの場合においても，現在の日本における高大接続の状況を直視し，日本固有の課題とその対応方法を探る必要があると思われる。

5．高大接続事業――（小）中高生の大学における研究活動支援プログラムの推進

5.4. の議論を踏まえれば，高校教育と大学教育との接続を重視した新たなプログラムの検証が現在は大変重要であると考えられる。すでに SSH, SGH, WWL 等様々な事業が高等学校で実施されていることから，まずは実施済みのプログラムの知見を詳細に分析し検証することが必要である。

このようなプログラムの１つに，JST からの支援を受けたグローバルサイ

エンスキャンパス（GSC）事業とジュニアドクター育成塾がある。広島大学高大接続・入学センターでは，平成31年（2019年）にこれら２つのプログラムを進めることとなり，アドミッションセンターに新規の人員配置（教務補佐員１名，職員４名）がなされた（図２-２，図２-３）。

5.1. グローバルサイエンスプログラム（GSC）

図２-２で示しているように，このプログラムでは３段階で高校生を育成する。実施期間は平成31年度（2019年度）から平成４年（2022年）の４年間であり，令和５年（2023年）は学外内からの支援により実施している。

アドミッションセンターからは，教員１名が副担当者として参画，新たに教育推進員１名，職員２名が配置された。アドミッションセンターの業務にこのような教育プログラムが加わると過剰な負荷となる場合もあり得る。学

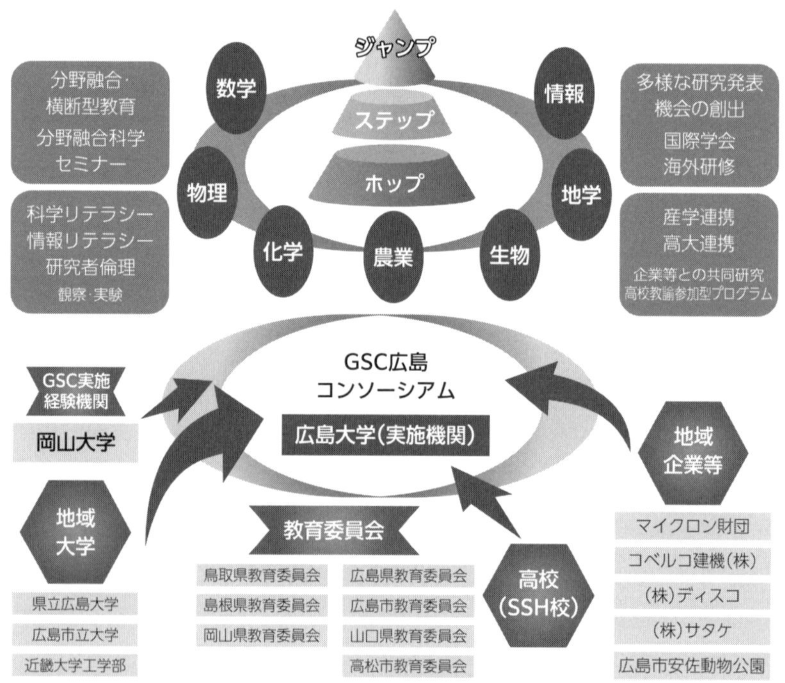

図２-２．グローバルサイエンスキャンパスの全体像と特徴（GSC 広島，2023）

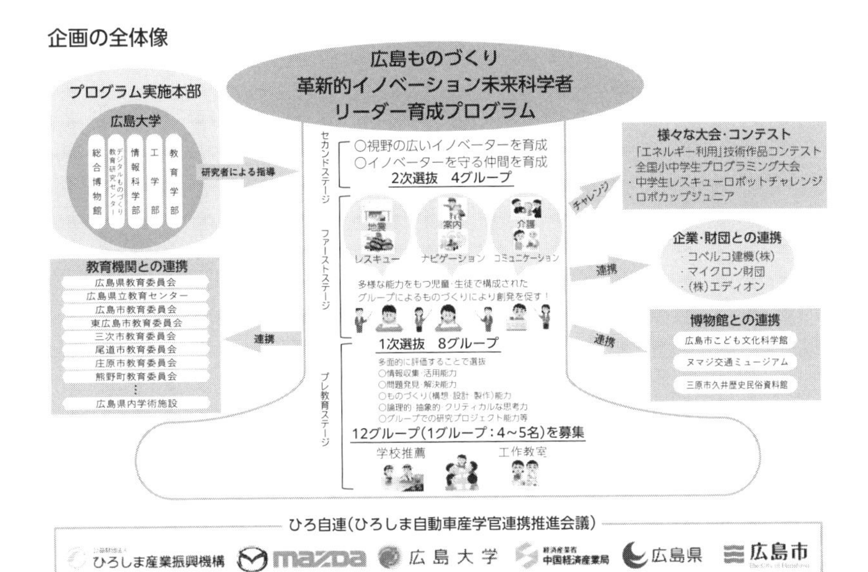

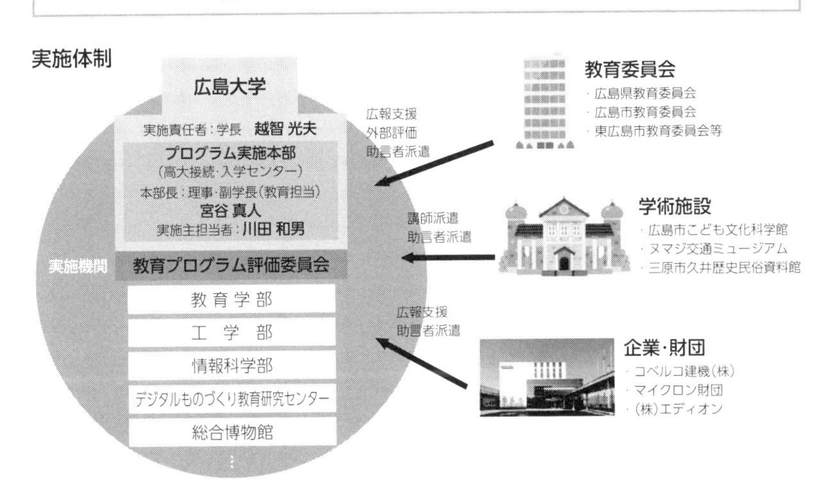

図2-3．ジュニアドクター育成塾の全体像（広島大学ジュニアドクター育成塾，2023）

内の主担当教員とよく相談しながら進める必要がある。

しかしながら，このようなプログラムのメリットは，長期間，高校生の活動を間近で接することが可能であることから，指導する教員並びにコーディネーター役のアドミッションセンター教員の双方にとって，高校生のニーズが直接的に把握可能であることは大きな利点である。一方，分野を幅広く実施する場合，運営体制が非常に大きくなることから，全学での調整が必須となり，ここでも学内調整力のスキルが試されることになる。

5.2. ジュニアドクター育成塾

小中学生を対象として平成31年（2019年）〜令和５年（2023年）まで実施するプログラムであり，こちらも大学において小中学生が研究に取り組む活動である。GSCとは異なり，グループによる共同作業を中心としていることが特徴である。アドミッションセンターの教員１名がプログラム評価委員会委員として参画し，職員３名（うち１名は契約職員）で対応を行っている。主担当の教育は教育学部の３名の教員である。アドミッションセンター教員に求められる資質としては，教育現場における経験があれば望ましいともいえる。

第６節　国内の他大学アドミッションセンターとの比較

国立大学アドミッションセンター連絡協議会議において，国立大学の全大学を対象としてアドミッションセンターの現在の体制と役割に関する調査が実施され，その分析結果が報告されている（本書第１章参照）。「組織」，「機能」の２つに大別される質問項目が，全部で50項目の質問について分析がなされている。広島大学の特徴を分析結果と比較すると，回答があった国立大学の75％が教育・研究組織である一方，当センターは少数派（15％）の運営組織（業務センター）に属する。また，センター長については全体では69％が理事・副学長，他学部教員等であるが，当センターはセンター専任教員が務めている（回答全体の８％の大学）。

一方，「機能」では「学部入試に関する意思決定」に関して，多数派（全体の62％）の「全学の方針を起案，提案」に該当する等，多くの大学と同様の機能を有しているようである。前述したとおり，当センターは平成18年（2006年）の入学センターへの改組以来（途中２年間を除いて），令和５年（2023年）の現在まで継続してセンター専任教員がセンター長となり，全学の入試の設計・検証並びに企画等様々な役割を担当してきている。概観すれば，他大学に比べると全学の運営に対する関与は高いと思われる。その一方，第1章でも指摘されているアドミッションセンターに期待されている役割の1つである大学入試の専門家を養成する機能については，いまだ不十分な部分があることも否めない。第3節でも述べたが，もちろんOJTにより，現場の経験から教員および職員が養成される部分が大きいことは事実であるが，現時点では体系だったものではないことは明らかである。どのような教員像，職員像を一般論としてのアドミッションセンターの専任教員，担当職員として描くべきなのか，また個別の大学ごとにも自大学ではどうあるべきか，の両方の観点から深く検討することがこのような養成機能を強化する上で重要である。

倉元（2006）と倉元・西郡（2009）でも指摘されているとおり，自大学の個別性にあまりにも執着した場合，大学入試および高大接続の性質が持つ公共性の部分に問題が生じてしまう危険性がある。我が国全体の高大接続，あるいは高等専門学校，短期大学等からの編入学やその他社会人等の方の大学進学等，広く社会の公共性を踏まえた視点を保ち続けることにより，単に自大学の利益のみを追求するのではなく，将来のあるべき大学進学システム，つまりはアドミッションのシステム構築をその射程に含めなければならない。このことは，アドミッションセンターの専任教員（または専門職員）の養成において大変重要なテーマではないだろうか。

いずれにしても第1章の調査結果によれば，国立大学のアドミッションセンターは，「組織」，「機能」のそれぞれの側面から見ても，多様な形態と役割を持つ広がりを有する。それだけ様々な試行錯誤が平成11年（1999年）の最初の3大学によるアドミッションセンター設立以来24年間，繰り広げられてきたことが窺える。

◆◇◆

第7節　アドミッションセンター専任教員の今後の展望

国立大学の法人化に関する多くの先行研究において共通して指摘されていることは，国立大学の「独立性」（＝個別性）である（天野，2008；飯塚，2020）。その一方，前節でもふれたが，「公共性」を踏まえた視点を持つことが，アドミッションセンター教員には求められている。これはそもそも大学入学者選抜自体の持つ公平性，公正性に由来するものである。

この「独立性（＝個別性）」と「公共性」を矛盾することなく職務として遂行し，さらにはこのことを基本的な視点として身に付けた専門性を有する教員または専門職員の養成が求められることになる。ここで，「教員」と「専門職員」を併記したが，いずれをどの程度の規模（人員）で配置するかは，まさに各大学の個別の状況で変化することになる。しかし，第3節で述べた通り，OJTによる人材の養成には限界があり，その点ではアドミッションセンターの核になる教員の存在は重要である。専任または併任のいずれであっても，この核になる教員が次の世代の人材を指導および養成する好循環が生まれることが望ましいのではないか。その際に，西郡・倉元（2009）でも述べられているとおり，研究活動を支える大学入試に関する学会等の存在は大きいといえるし，また，そのような人材育成の大学院課程の存在が大きな役割を有すると考える。

また第5節で紹介した高大接続事業に関する取組については，アドミッションセンター以外の組織が担当する場合もある。学内リソースの最適化をどのように判断するかは極めて難しい点であるが，いずれにしても，アドミッションセンターは様々な事業の1つの核（コア）になり得ることは間違いなく，業務量の適切な配分を見据えながら全体を最適化することに注力しなければならない。

各大学のアドミッションセンターの個別の取組みの検証を行い，広く共有し，その公共性を高めることは，すでに20世紀末から21世紀初頭にかけて指摘されていたことである（中央教育審議会，1999；大学審議会，2000）。今一度，法人化前に掲げられた理想を振り返りつつ，その後の20年の大学入試関係者の経験を全体の共有知としてまとめる時期ではないだろうか。未来に向けて一本の太い糸のようにこの共有知を織りこんでいくことが，今，社会からも求められている。

文献

相田 美砂子（2017）．第1章 広島大学の目標達成型重要業績指標 AKPI「スーパーグローバル大学創成支援事業による 広島大学の教育力・研究力強化 ――客観的指標に基づく国際水準の達成――　高等教育研究叢書，*137*，7–23.
天野 郁夫（2008）．国立大学・法人化の行方――自立と格差のはざまで――　東信堂
飯塚 潤（2020）．法人化に伴う国立大学幹部事務職員の人事管理の変化に関する分析　大学経営政策研究，*10*，91–107.
中央教育審議会（1999）．初等中等教育と高等教育との接続の改善について（答申）平成11年12月16日．
大学審議会（2000）．大学入試の改善について（答申）平成12年11月22日
GSC 広島（2023）．2022年度 GSC 広島　活動報告書　Retrieved from https://www.hiroshima-u.ac.jp/system/files/205218/2022GSChiroshima.pdf（2023年 9 月20日）
広島大学ジュニアドクター育成塾（2023）．2022年度活動報告書　Retrieved from https://www.hiroshima-u.ac.jp/system/files/205929/Junior%20Doctor%202022%20katudo.pdf（2023年 9 月20日）
倉元 直樹（2006）．東北大学における「アドミッションセンター」の取組と課題　大学入試フォーラム，*29*，15–23.
倉元 直樹・西郡 大（2009）．大学入試研究者の育成――「学生による入試研究」というチャレンジ――　大学入試研究ジャーナル，*19*，53–59.
森島 久幸・杉原 敏彦・村田 豊治・永田 純一（2024），大学入試研究ジャーナル，*34*，237–242.
日本学術会議（2023）．心理学・教育学委員会報告 日本における高大接続の課題――「セグメント化」している現状を踏まえて――　令和 5 年（2023年 9 月27日 Retrieved from https://www.scj.go.jp/ja/info/kohyo/pdf/kohyo-25-h230926-6.pdf（2023年 9 月30日）
西郡 大（2008）．大学入学者選抜における『入試ミス』の分類指標作成の試み　教育情報学研究（東北大学大学院教育情報学教育部紀要），*7*，39–48.
西郡 大・倉元 直樹（2009）．新聞記事からみた「入試ミス」のパターンとその影響の検討　東北大学高等教育開発推進センター紀要，*4*，39–48.
杉原 敏彦・高地 秀明・永田 純一・下山 晋司・石田 達也（2016）．インターネット出願の現状と課題――広島大学の事例を中心に――　大学入試研究ジャーナル，*26*，117–122.

「政策対応型」の入試制度設計にどう取り組むか
――東北大学における主体性評価から――[1]

宮本　友弘

第1節　はじめに

1．入試制度設計の重要性

大学入試の目標は，アドミッション・ポリシーに合致した学生を定員通りに確保することに尽きる（倉元，2020）。この目標を達成するためには，志願者が当該大学に出願することが大前提となる。そうした志願者の出願行動に影響を及ぼす要因の1つが各大学の入試制度である。本章の主題は，この入試制度をどう設計するかである。

入試制度設計において特に留意すべきことは，大学が自らの入試制度をいかに有意義だと考えても，志願者に同じように認識されなければ出願行動には至らないことである（倉元，2020）。したがって，志願者確保という観点から見れば，志願者から支持される入試制度を設計することは，各大学の重要な入試戦略となる（西郡，2015）。かくして，入試制度設計は，アドミッションセンターが担うべき役割の中でもきわめて重要といえる。実際，学士課程をもつ全国立大学を対象に行った調査（本書第1章参照）によれば，アドミッションセンターに最も期待する役割として，入試制度設計を挙げる大学が最も多かった。

2．高大接続改革のもとでの入試制度設計

入試制度設計は，各大学固有の様々な事情だけでなく，国の政策に基づいて取り組まれる場合がある。本稿では，後者に力点を置く場合を「政策対応

1　本章は，巻末「初出一覧」のとおり，宮本（2019）と宮本・久保・倉元・長濱（2024）を組み合わせて，「入試制度設計」という新たな視点から再構成し，加筆修正したものである。

型」の入試制度設計と呼ぶこととしよう。その典型的な例が，高大接続改革（中央教育審議会，2014）への対応である。

ここ数年来，あらゆる大学入学者選抜において，「学力の三要素」の多面的・総合的な評価へと転換することが迫られてきた。ここでいう「学力の三要素」とは，平成19年（2007年）の学校教育法改正時に新たに第30条第2項に明記された「知識及び技能」，「思考力，判断力，表現力」，「主体的に学習に取り組む態度」の3つに依拠した学力の構成要素を指す。このうち，最後の要素は高大接続改革（中央教育審議会，2014）においては「主体性を持って多様な人々と協働して学ぶ態度」（以下，主体性）と表現が変更された。

高大接続改革の一環として，大学入学共通テストでの英語民間試験の活用および記述式問題の導入といった方針が出され，各大学がそれに合わせた制度設計に腐心したことは記憶に新しいところであろう。結局，両者は見送りとなったが，「学力の三要素」の多面的・総合的な評価という基軸は，依然堅持されている。そうした中，現在，多くの大学にとって課題となっていることの1つは，一般選抜における「主体性評価」である。具体的には，一般選抜において主体性を積極的に評価するために，調査書や志願者本人が記載する資料等を活用することと，その旨を募集要項等に明記することが求められているのである（高大接続システム改革会議，2016；文部科学省，2017）。

しかしながら，賈（2023）が実施した全国の国公私立大学における令和4年度（2022年度）一般選抜募集要項等の調査によれば，全募集単位のうち主体性評価の実施を明記しているものは31.0%，さらに評価方法まで明記しているものは28.4%であった。また，具体的な評価方法は，調査書57.0%，本人記載資料24.7%，面接20.4%，出願システムに入力した短文22.6%，その他5.9%であった。設置者によって多少の異同はあるものの，全体の傾向として，一般選抜での主体性評価の実施は低調であり，また，評価方法としては調査書が主流であることが示された。

かねてより，一般選抜での主体性評価をめぐっては，多くのアドミッション関係者からは困難や懸念が示されてきた。そうした状況は，大学入学者選抜における多面的な評価の在り方に関する協力者会議（2021）の「審議のまとめ」でも指摘されている。上記した一般選抜における主体性評価実施の低調ぶりは，少なからずそうした困難や懸念が反映されたものと見ることもできよう。

以上を踏まえて，本章では，政策対応型の入試制度設計の事例として，東北大学における主体性評価への取り組みを詳説する。東北大学では，高大接続システム改革会議（2016）が今回の方針を示した当初から，一般選抜での主体性評価における課題について検討を重ねてきた（例えば，東北大学高度教養教育・学生支援機構，2018；倉元・宮本・長濱，2020など）。その帰結として，チェックリストによる志願者の自己申告（主体性評価チェックリスト）という独自の方法を採用するに至っている。1つの事例ではあるが，主体性評価をめぐって試行錯誤が続く大学にとっては参考になるであろう。

以下，第2節では，主体性評価の制度設計に先立ち，評価対象である主体性をどう捉えたかについての理論的検討の一端を紹介する。第3節では，具体的に主体性評価をどう設計し，実施した結果はどうであったかについて述べる。これらを踏まえ，最後に政策対応型の入試制度設計一般への示唆を述べる。

◆◇◆

第2節　主体性評価の理論的検討

1．主体性評価の何が問題か

高大接続改革に関する一連の公文書において主体性を評価することの意義や重要性は強調されているものの，その具体的な内容が明確に示されているとは言い難い。正称の終わりは「態度」とあるので「認知」に対するという意味で「情意」あるいは「非認知」の領域を示唆する内容であると考えられるが，具体的に何を評価するかまではよく分からない。

そもそも「学力の三要素」自体[2]が学術的な検討や審議会等の議論を経ておらず，根拠が希薄であるとする指摘もある（南風原，2016）。現に，高大接続改革に関する中央教育審議会での審議過程において「学力の三要素」は

2　文部科学省がインターネット上で公開している資料を調べた限りでは，「学力の三要素（あるいは3要素）」という用語は，「教育課程部会児童生徒の学習評価の在り方に関するワーキンググループ（第10回）」（平成21年12月 4 日）の議事録〔https://warp.ndl.go.jp/info:ndljp/pid/11373293/www.mext.go.jp/b_menu/shingi/chukyo/chukyo3/043/siryo/1287221.htm（2024年 7 月30日）〕において初めて登場している。

唐突に登場したという（荒井，2018）。

一方では主体性の評価方法として，調査書，高等学校までの学習や活動の履歴，志願者本人が記載する資料，面接等が例示されている（高大接続システム改革会議，2016；文部科学省，2017）。先述の通り，主体性は情意あるいは非認知の領域と考えられるが，そうした領域は従来から筆記試験では評価が難しいとされてきた（辰野，2001）。それだけに，筆記試験以外の多様な評価方法が推奨されていることは理解できる。しかし，主体性の具体的な内容が不明瞭である以上，例示された諸方法が主体性を的確に捉え得るかどうかは定かではない。

また，例示された各方法自体にも測定論的には様々な問題を抱えている。例えば，調査書は受験生の日常的活動記録の集積であり，選抜資料としてより妥当性が高いのではないかという期待が寄せられているが，学校間や教師間で評価基準が異なる等，測定尺度としての信頼性に構造的欠陥があることが知られている（倉元，2015）。

以上の通り主体性についての吟味が十分でないまま，評価のための「道具立て」が入学者選抜に適用されようとしている。主体性の定義や解釈については，学術研究の上で様々な見解があり必ずしも一致をみることができないという指摘もある（関西学院大学・大阪大学・大阪教育大学・神戸大学・早稲田大学・同志社大学・立命館大学・関西大学，2017）。とはいえ，主体性を積極的に評価するためには，少なくとも，当該の評価方法を採用するにあっての裏付けとなる主体性についての各大学なりの解釈を確立する必要があるのではないだろうか。

そこで，筆者の専攻する心理学の観点から，主体性の解釈を試みたい。主体性が示唆する情意あるいは非認知の領域はまさに心理学の研究対象であり，参考になる知見も多いと考えられる。これを足掛かりにして，一般選抜における主体性評価の今後の展望について検討してみたい。

2．心理学から見た主体性の検討

心理学において主体性一般に関する検討は，大きく2つの流れにおいて展開されてきたという（中間，2016）。要約すれば，①人はいかにして主体性をもつのか，②人はいかにして主体性によって行動するのか，といった2つの問いである。前者については「アイデンティティ」(identity) が，後者については「動機づけ」(motivation) が代表的な概念である。中間 (2016) と順序は逆になるが，ここではまず動機づけの観点から主体性を検討してみたい。

2.1. 動機づけと主体性

2.1.1. 動機づけの分類

「動機 (motive)」が行動を引き起こす作用または過程を動機づけという (田中，1994)。動機には，空腹や渇きなど生理的・生物的な動機 (「欲求」，「要求」ともいう) と学習活動や目標行動など意識的・社会的動機 (「意欲」，「意志」ともいう) がある。主体性の正称にある「学ぶ態度」は学習意欲 (学習動機づけ) と不可分である (鹿毛，2013)。

従来から，動機づけは，「内発的動機づけ」と「外発的動機づけ」の 2 つに区別されてきた。両者は，「目的－手段 (それ自体が目的か，別の目的のための手段か)」と「自律－他律 (自ら進んでやるか，やらされているか)」の 2 つの観点から分類される (櫻井，2009)。学習についていえば，内発的動機づけは，学習自体が目的となり，自律的に学習に取り組む場合である (図 3－1 「Ⅰ」)。一方，外発的動機づけは，学習は別の目的を達成するための手段であり，他律的に学習に取り組む場合である (図 3－1 「Ⅲ」)。現実的には，図 3－1 「Ⅱ」のように，学習は手段だが，自律的な取り組みも存

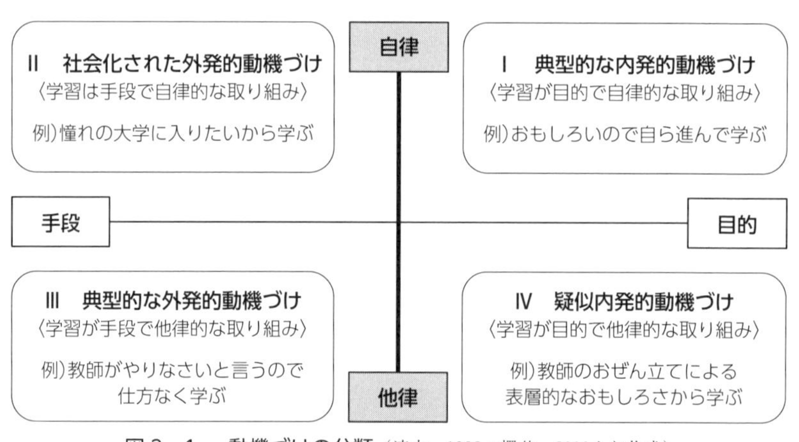

図 3－1． 動機づけの分類 (速水，1998；櫻井，2009より作成)

在する。むしろ，小学校低学年時を除けば多くの人はこの動機づけで学習に取り組んでいると考えられる。櫻井（2009）は，これを「社会化された外発的動機づけ」と名付けた。

なお，図３－１「Ⅳ」は，学習は目的だが他律的に取り組む場合であり，自然な状況ではほぼ存在しないと考えられる。ただし，速水（1998）は，教師が子どもにとって興味深い教材を完全に準備し，おぜん立てすることによって子どもが学習に打ち込みつつも，教師のおぜん立てがなくなった途端，取り組まなくなるような事態が該当するとし，「疑似内発的動機づけ」と呼んでいる。

現在は２つの観点のうち「自律－他律」が重視され，この次元で内発的動機づけと外発的動機づけを段階的に捉える「自己決定理論（self-determination theory: Deci & Ryan, 2002）」が定着している。そこでは，当該の行動の価値を自分のものにすること（内面化）によって，自律性（自己決定）の程度が進むとしている。例えば，最初は教師に言われて仕方なくやっていた受験勉強も，大学に行くことの意義や学問への興味を自分なりに見出すことによって次第に自ら進んで取り組むようになるような場合である。

こうした自己決定の程度に応じて，外発的動機づけには四つの調整段階（スタイル）が設定された（図３－２）。学習についていえば，①「外的調整」は学習課題をすることに価値を認めておらず，外部からの強制で学習をする段階，②「取り入れ的調整」は学習課題をすることに価値を認めつつも，自分のものとして十分に受け入れてはいない段階，③「同一化的調整」は学習課題をすることに自分にとって価値があることを認識し，学習課題に積極的

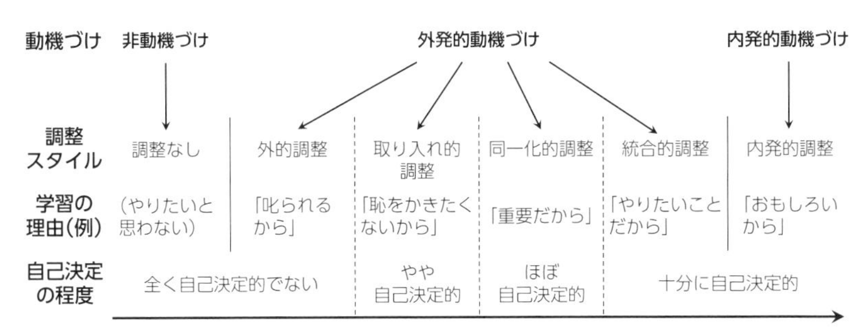

図３－２．自己決定の連続体としての動機づけ（櫻井，2009；鹿毛，2013より作成）

に取り組もうとする段階，④「統合的調整」は学習課題をすることが自分の価値観と一致し，違和感なくその課題に取り組む段階，である(櫻井，2009)。このうち，取り入れ的調整，同一化的調整，統合的調整は，図3－1「Ⅱ」の社会化された外発的動機づけを細分化したものとみることもできよう。

2.1.2. 動機づけの三水準

以上の分類とは別に，動機づけには，図3－3に示した「特性レベル」,「領域レベル」,「状態レベル」の3つの水準があるとされる（速水，1998；鹿毛，2013)。

最上位にある特性レベルとは，例えば「何事にも挑戦したい」といった特定の場面や領域を越えた一般的な傾向性であり，個人のパーソナリティの一部として全般的に機能する水準である。

次の領域レベルは動機づけの対象となる文脈や領域の内容に即して発現する水準である。例えば,「部活動」には意欲的であるが「勉強」には意欲的でない，などの場合である。また，同じ勉強でも「国語」,「数学」,「英語」,あるいは，同じ英語でも「聞く」,「話す」,「読む」,「書く」と，領域レベルの動機づけはさらに分化して捉えることができる。

最後の状態レベルとは，その場，そのときに応じて現れ，時間経過とともに現在進行形で変化する水準である。例えば,「授業中，教師の説明を聞いて

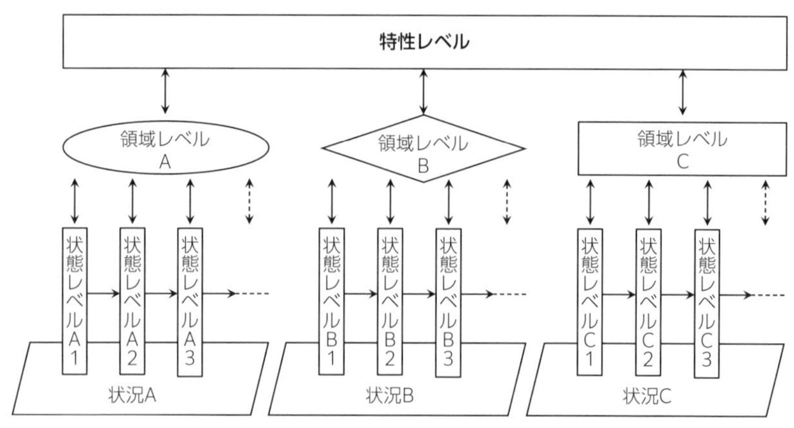

図3－3．動機づけの三水準（鹿毛，2013)

るときはやる気を見せなかったが，生徒どうしのディスカッションになった途端，急に張り切り出した」というように「今，ここ」での動機づけである。

以上の三水準は相互に影響を及ぼし合っている（鹿毛，2013）。例えば，「何事にも挑戦したい」人は，勉強にもスポーツにも意欲的に取り組もうとする。すなわち，上位の動機づけ水準は下位の動機づけ水準に汎用的に作用する可能性がある。

一方，同じ水準の目的の異なる動機づけ間にも関連が生じる（速水，1998）。例えば，国語の動機づけが高まると英語の動機づけも高まる，といった場合である。速水（1998）はこれを「動機づけの般化」と呼んだ。ただし，この般化の仕方は発達段階や個人差によって異なる。一般に子どもの頃は領域レベルの動機づけは未分化であり，各動機づけの間の距離が短かく般化しやすい。しかし，大人になるほど分化が進み，1つの動機づけから別の動機づけまでの距離が長くなり，般化しにくくなる。また，個人差が拡大し，例えば，勉強とスポーツの領域を近似したものと捉える人と異なるものと捉える人に分化する。

2.1.3. 主体性評価への示唆

主体性を動機づけから捉えた場合，2.1.1. で述べた「動機づけの分類」の観点から見ると「より高い自律性をもって『学び』に取り組んでいる状態」と考えられる。したがって，その評価にあたっては学習に対する自律性を把握することが重要となる。一般に，動機づけを把握するための方法には，行動観察，他者評定，自己報告の3つがあるが，最も直接的な方法は行動観察と他者評定であるとされる（鹿毛，2013）。この点においては主体性の評価方法として例示されている調査書は適切な方法ではある。その際，表面的な行動だけでなく，図3－1における「自律性」，図3－2における「自己決定」の程度に照らし合わせて考えるならば，生徒が当該行動に自律的に取り組む「理由」にも目を向けることで主体性の実相に接近できることになる。

こうした方法とは別に，動機づけの把握においては一考すべき事実がある。それは，学習動機づけが学習成果を予測し，知識や技能の獲得，思考や表現といった活動の基盤となるということである（鹿毛，2018）。動機づけに関する国内外の研究によって，内発的動機づけが外発動機づけよりも高い学習成果をもたらすことが示されてきた。最近では，自律性の程度によって使用される学習方略が異なり，学業成績への影響も左右されることも分かってきた（西村・河村・櫻井，2011）。このことから，伝統的な筆記試験の成績にも，学習動機づけが一定程度反映されていると考えられる。とすれば，筆記試験は，間接的ではあるが，主体性を把握する方法と見なすことができる。

次に，2.1.2. で述べたモデルに基づけば，主体性についての動機づけ水準をどう考えるかが重要となる。領域レベルでは主体性の正称に「学ぶ態度」とあることから，文字通り「学び（学習）」という文脈・領域で差支えないだろう。そうだとすれば，次に問題となるのは，調査書等に記載される「学び」以外の文脈・領域において見られた自律的な動機づけが「学び」においても同様に発揮されるかどうかである。すなわち，動機づけの「般化」が生じるかどうかである。

一般に青年期の特徴は多様な方向への動機づけが示されるようになり，動機づけの方向が分化してくることである（速水，1998）。分化が進むほど，動機づけの般化が生じにくいことは先述の通りである。

この点に関して脇田・北原・伊藤・井村・中田（2018）の知見はきわめて興味深い。脇田らは，大学に提出された約 6 千名分の調査書の記載内容と入学後の成績（GPA）との関連を調べた。その結果，特別活動（生徒会会長，生徒会役員，学級代表，委員会委員長・副委員長の経験の有無），部活動（部活動の所属の有無，部活動成績）と，GPA との関連はほとんど見られなかった，という。仮に GPA が大学での学習動機づけを反映しているとすれば，この結果は特別活動や部活動といった「学び」とは異なる文脈・領域での自律的な取り組みが大学入学後の「学び」での自律的な取り組みには直結しないことを物語っている。青年期において，動機づけの般化が生じにくいことの傍証といえよう。

かくして主体性を動機づけという観点から捉えた場合，その評価にあたっては，①筆記試験の結果も考慮に値すること，②調査書等の評価では「学び」という文脈・領域を重視すること，の 2 点が示唆される。

2.2. アイデンティティと主体性

2.2.1. アイデンティティ

青年期はただ児童期の延長線上にあるわけではなく，親や教師などの重要な他者の影響を受けて構築してきた児童期までの自己，すなわち，自らの価値や理想，将来の生き方などを見直し，再構築する発達期である（溝上，2016）。そうした過程には様々な要因が影響するが，特に社会的に進路決定・職業選択が要請されることが重大な要因である。すなわち，自分がどんな進路やどんな職業に向くかを決めるには，自分がどんな人間であるかを知る必要があり，それまでの時期に自分の意識の中に蓄積された多様な自分の感覚をまとめて1つの定義をあたえることが要請されるのである（田中，1994）。

そうした自分の定義をエリクソン（Erikson, 1959 小此木訳編，1982）は「アイデンティティ」と呼び，その形成が青年期の重大な課題として考えられるようになった。なお，アイデンティティは「同一性」と訳されるが，その含意するところは「自分は○○である」（自分は○○と同一である）という意味である。

アイデンティティには2つの側面がある（溝上，2016）。1つは現在の自分がまとまっている感覚（斉一性）と，過去から未来へと続いている感覚（連続性）である。もう1つは理想として見出した自分の定義を，他者に対してあるいは社会の中でさまざまに試し（役割実験という），認めてもらうことである。この2つの絡み合いによって，全体感情としてのアイデンティティの感覚が形成される。

児童期においては，親や教師などの重要な他者による外的な基準（あるいは，同一化によってそれを内面化したもの）によって行動が決定される。それが青年期に至ってアイデンティティが確立されることによって，心理的安定感が得られるとともに「自分は○○だ」，「だから△△するんだ」と自己基準で行動を決定できるようになる。それはまさに自分の「意志」になり，自律性の源泉となる。この点にこそ，児童期と青年期の明確な違いがある。

ただし，1人ひとりの青年にとってアイデンティティの確立は容易ではない。この点について，マーシャ（Marcia, 1966）は，「危機（crisis）（どう生きるかの選択肢の探索）」と「傾倒（commitment）（決断した生き方への傾倒)」の2つの基準からアイデンティティの状態（identity status）を次の4つに分けた。すなわち，マーシャによれば，危機を経験し，傾倒を行っているのが「アイデンティティ達成（identity achievement)」，危機を経験中で，傾倒しようとしているのが「モラトリアム（moratorium)」，危機を経験せずに傾倒しているのが「早期完了（foreclosure)」，危機にかかわらず傾倒していないのが「アイデンティティ拡散（identity diffusion)」という状態にあるのだとされる。一般に「アイデンティティ拡散」→「早期完了」→「モラトリアム」→「アイデンティティ達成」という順序で発達するとされるが，1つの状態のままでいる人が5割以上いたり，変化したとしても，「向上」している場合は「退歩」している場合に比べて多少多い程度であるという説もある（無藤・森・遠藤・玉瀬，2004)。

2.2.2. 自己形成

青年期におけるアイデンティティ形成を具体的に捉える上で溝上（2011）が新たに提起した「自己形成」についての考え方は非常に有益である。彼は，自己形成とはある特定の（発達的）方向性を持って変化する自己発達ではなく，ああでもない，こうでもないと「自己を主体的に，個性的に形作る行為である」と再定義した。その上で実際の自己形成活動には，個別的から抽象的・一般的までの「水準」があるとした。個別的水準の自己形成活動とは，日常的に自分らしく生きるため，あるいは自分を成長させるために頑張っている具体的な活動で，例えば「専門，専門外を問わず，いろいろなことに興味を持って勉強しよう」，「いろいろな活動に参加してたくさん友だちをつくろう」などである。一方，抽象的・一般的水準の自己形成活動は，アイデンティティ形成である。

また，日々の個別的水準の自己形成活動には時間的展望をもつ目標達成的な活動（例，英語を使った仕事をするために頑張る)，将来目標とは直結しないが将来に向けた基礎活動（例，資格を取っておく)，目標達成的ではあるものの時間的展望をもたない活動（例，やりたいことをやる）といった3種類が存在することを見出した。さらに，時間的展望を伴う自己形成活動は抽象的・一般的水準のアイデンティティ形成に影響するが，時間的展望を伴わない自己形成活動はさほど影響しないことが実証されている（溝上・中間・畑野，2016）。

2.2.3. 主体性評価への示唆

主体性をアイデンティティから捉えた場合，2.2.1. で述べた通り，アイデンティティはまさに主体性の源泉であるといえる。すなわち，自分の生き方にとって，今，そして，将来も「学び」に傾倒すべきかどうかを決定するための自己基準となる。アイデンティティの考え方に依拠することによって，これまでの「学び」における主体性と大学入学後の「学び」における主体性が一貫したものとなることが期待できる。

そういった期待の下に主体性の本質を評価したいならば，「アイデンティティの程度や状態」を評価すべきであろう。しかしながら，個人のアイデンティティがどのような程度あるいは状態であるかを捉えるのは容易ではない。したがって，一般選抜においてアイデンティティの程度や状態を直接的に評価しようと試みるのは現実的ではない。もっといえば，そもそもは入試の前，志望校や学部・学科・専攻を決定する際に自らのアイデンティティを模索し，それに基づいて具体的な進路を熟考すべきものであろう。

また，アイデンティティとは，自分の「意志」でもあることから，2.1.1. で述べた動機のうち意識的・社会的動機として，学習行動・成果と関連することも予想される。実際，対象は大学生ではあるが，アイデンティティが内発的動機づけを介して，主体的な授業態度を促進することが報告されている（畑野・原田，2014）。先述の通り，動機づけが筆記試験の結果に反映されるとすれば，アイデンティティの状態もある程度，筆記試験の結果に反映される可能性がある。

次に，2.2.2. で述べた「自己形成」という観点からは，受験生が高校時代に頑張って取り組んだ諸活動を整理する枠組みが提供されよう。そして，取り組まれた諸活動のうち「学び」に関わる領域での時間的展望を伴う活動がアイデンティティの形成に影響し，入学後の学びにおける主体性にも結びつく可能性がある，と考えることができる。とはいえ，調査書等から当該活動に時間的展望があるかどうかの判定は難しい。当然ながら，読み手の評価に影響する印象は書き方にも依存する。

ところで「学び」以外の領域において，しかも時間的展望を伴わない活動は，入学後の「学び」における主体性にとって無意味なのであろうか。自己形成活動は児童期までの自己の見直し・再構築の作業でもある。自己形成活動においては先験的に「正解」を知ることはできず，試行錯誤を続けるのは普通のことである。その過程では，短期的かつ状況依存的にあっさり終結を迎える活動もあろう。また，逆にそうした試行錯誤の中で，たまたまアイデンティティ形成へとたどり着くこともある。高校時代の学習や活動の履歴として現れる活動が表面的には華々しく見えない場合であっても，受験者本人にとっては，大いに意味のある活動となっている場合がある。調査書やポートフォリオなどの資料によって主体性を評価しようと考えるならば，そういった事実に十分に注意を傾ける必要がある。

以上，主体性をアイデンティティという観点から捉えた場合，その評価にあたっては，①高校時代の主体性と入学後の主体性の間に一貫性は見出せるのか，②「学び」の領域において頑張った活動に時間的展望があるのか，という2つの側面における判断が重要となろう。しかし，残念ながら，いずれもその見極めは難しいと言わざるを得ない。

3．主体性評価についての今後の展望

以上，主体性について動機づけとアイデンティティという2つの心理学的概念から検討した。これまでの議論を踏まえながら，今後の一般選抜における主体性の評価について考えてみたい。両概念は「学び」の領域・文脈においては関連することが予想されるが，測定のし易さという点を考慮すれば，実践的には動機づけとして捉えようとする方が適切であろう。すなわち，主体性の1つの定義として「『学び』という文脈・領域における自律性の高い動機づけ」を提案したい。

このように主体性を動機づけとして定義することによって，筆記試験が評価する内容の範囲を広げることになる。すなわち，先述の通り，筆記試験の得点には学習動機づけの自律性が一定程度反映されることから，間接的ではあるがそれを主体性の1つの指標として位置づけることができる。

もちろん，この考え方の前提として，「学力の三要素」の各要素には相互にどのような関係があるかを確かめる必要がある。この点について，高大接続改革における「学力の三要素」の定義（中央教育審議会，2014）を改めて

見ると次のように記述されている。

> 高等学校教育を通じて（i）これからの時代に社会で生きていくために必要な，『主体性を持って多様な人々と協働して学ぶ態度（主体性・多様性・協働性)』を養うこと，（ii）その基盤となる『知識・技能を活用して，自ら課題を発見しその解決に向けて探究し，成果等を表現するために必要な思考力・判断力・表現力等の能力』を育むこと，（iii）さらにその基礎となる『知識・技能』を習得させること（下線は筆者)。

上記の下線部に見られたように，「その基盤となる」，「その基礎となる」と，各要素間には階層的な関連性が想定されていることが分かる。したがって，筆記試験の得点にも主体性を含めた「学力の三要素」がそれぞれ一定程度反映されてるいう見立ては，理念的に間違っていないはずである。個人の中において「学力の三要素」は一体化しているのである。

当然ながら，主体性を動機づけと捉えたとしても筆記試験だけで十分に汲みつくすことはできない。したがって，高大接続システム改革会議（2016）や文部科学省（2017）において例示された主体性の評価方法は，それ自体としては一定の妥当性を有するものであろう。

しかしながら，それらが有効に機能するには受験者数がそれほど多くなく，きめ細かい評価が実務的に可能である場合に限られる。受験者数の多い一般選抜という事態では，特に，評価方法の「実行可能性」（feasibility, manageability）の確保，すなわち，当該の評価を実施するために必要とされる基盤条件を考慮すること（田中，2008）が重要となる。一般選抜に多様な選抜資料を持ち込んでも，しかるべき人員と時間が確保できなければきめ細かい評価は不可能であろう。主体性を評価したいがために，やみくもに選抜資料を増やしても，それに応じたきめ細かい評価ができなければ，受験生の負担を増やすだけになってしまう。

かくして，評価方法をどう絞りこむかが実務上の問題となる。その際，先述したとおり，「筆記試験の得点にも『主体性』が反映される」という仮定を支持できるならば，その分，筆記試験以外の選抜資料を抑えることができよう。最終的な判断は各大学のアドミッション・ポリシーによるが，本稿のこれまでの議論と一般選抜の現実を踏まえれば，配点も含めて，筆記試験を主軸にしつつできるだけ効果的かつ効率的に評価できる方法が望ましいと考えられる。少なくとも主体性を評価したいがいために，他の2つの要素が犠牲になるような事態は避けたいところである。

筆記試験以外にどのような資料を求めるかは，内容的には入学後の「学び」における主体性を予測できる情報を得られるかどうかである。1つの目安としては2.1.3.で述べた「学び」という文脈で発揮された動機づけを示唆する活動，あるいは，時間的展望のもつ自己形成活動を拾い上げられるかどうかである。方法論としては，同じく2.1.3.で動機づけを捉える方法として述べた，行動観察，他者評定，自己報告の3つがベースになろう。

◆◇◆

第3節　主体性評価の実践

第1節で述べた通り，東北大学では，チェックリストによる志願者の自己申告（主体性評価チェックリスト）という独自の方法を採用するに至っている。本節では，まず，その概要を述べる。なお，本学の主体性評価チェックリストに関する情報は，平成30年（2018年）12月5日，令和元年（2019年）7月17日，令和2年（2020年）1月17日の3回の「予告」（東北大学，2018, 2019, 2020）で公表してきた。

次に，令和3年度（2021年度）入試から直近の令和5年度（2023年度）入試までの3年間の実施結果と，高等学校等を対象にした調査の結果から，この方法の有効性や課題について検討する。

1. 主体性評価チェックリストの概要

1.1. 自己申告方式の採用

個々の大学で行われる個別試験は負担が大きく，筆記試験以外の選抜資料の活用は実施側にも志願者側にも大きな負荷をかける（倉元・久保・服部, 2022）。そこで，具体的な評価方法の設計にあたっては，志願者，高等学校および大学それぞれに過重な負担がかかることを避けることを優先した。第2節で述べた理論的な検討結果を踏まえ，簡便なチェックリストによる志願

表３－１．主体性評価チェックリストと調査書記載欄との対応関係

項目	調査書記載欄	
	「7. 指導上参考となる諸事項」	その他の欄
（A）高校における学習活動に主体的に取り組んできた	（1）学習における特徴等 （2）行動の特徴，特技等	
（B）部活動・ボランティア活動等に主体的に取り組んできた	（3）部活動，ボランティア活動等	
（C）生徒会・学校行事等に主体的に取り組んできた		「6. 特別活動の記録」
（D）その他の活動に主体的に取り組んできた	（6）その他	「5. 総合的な学習の時間の内容・評価」 「8. 備考」
（E）高校時代に取得した資格，獲得した賞がある	（4）取得資格，検定等 （5）表彰・顕彰等の記録	

者の自己申告方式を採用することとした。

チェックリストは，表３－１に示す通り，令和３年度（2021年度）からの調査書様式に基づき，（A）学習活動，（B）部活動・ボランティア活動等，（C）生徒会・学校行事等，（D）その他の活動，（E）資格・賞に関する５項目から構成された。このように，チェックリストは学習領域に限らず，様々な領域での主体性を把握するようになっている。

1.2. 調査書による裏付け

チェックリストの項目構成に基づき，申告内容の根拠は調査書のみで確認し，その他の資料の提出は求めないこととした。各項目と調査書記載欄との対応関係は，表３－１の通りとなる。ただし，調査書の扱いにあたっては，主体性評価を過剰に意識した活動が学校内外で増え，本来の学校教育活動が妨げられないようにするために，表３－２に示した方針を策定し，「予告」（東北大学，2019）において示した。

表３－２．調査書の扱い

① 調査書のいずれかの欄に１つでも該当する記述があれば，自己申告（チェック）の根拠として利用する
② 調査書の記載内容や記述の多寡は合否判定に影響しない
③ 調査書の記入漏れは，可能な限り本人の不利にならないように評価する
④ 本人の自己申告（チェック）がなくとも調査書に根拠となる記載がある場合には，可能な限り本人の不利にならないように評価する
⑤ 調査書が発行されない志願者の場合，調査書の記載漏れと同等に扱う

1.3. 活用場面

チェックリストの活用は，最終段階選抜において合否ラインで志願者が同点で並んだ場合とし，チェックリストによる主体性評価が高い志願者を優先的に合格とすることとした。これにより，実施の省力化を図るとともに，選抜全体の中で，チェックリストの結果に必要以上に影響力をもたせないようにした。この点については，志願者による恣意的な自己申告の可能性が危惧されたからでもあるが，それ以上に，本学のアドミッション・ポリシーを優先したことによる。

本学の一般選抜では，個別学力試験で本学の学修に適合する思考力・判断力・表現力等を含むより高い学力を測り，合否判定ではその成績を重視することとしている。こうしたポリシーを棄損することなく，チェックリストによって把握された様々な領域の主体性を考慮するならば，合否ラインで並んだ志願者の合否判定に限って活用することが望ましいと考えられた。本学以外にも，主体性評価の結果を合否ラインでの判定において活用する大学は複数あり（例えば，群馬大学，東京外語大学など），主体性評価の実施方略の１つとして定着していることがうかがえる。

1.4. 実装

主体性評価チェックリストはインターネット出願システムに実装され，図３-４のように表示される。志願者は，出願時に該当する項目のチェックボックスをチェックするだけである。自由記述欄等は設けていない。

主体性評価 志願者は以下の各記述に関する自らの取組状況を振り返り，「該当する」と考えた場合にはチェックをいれてください。	
主体性評価（A）	□ 高校における学習活動に主体的に取り組んできた
主体性評価（B）	□ 部活動・ボランティア活動等に主体的に取り組んできた
主体性評価（C）	□ 生徒会・学校行事等に主体的に取り組んできた
主体性評価（D）	□ その他の活動に主体的に取り組んできた
主体性評価（E）	□ 高校時代に取得した資格，獲得した賞がある

図３-４．東北大学のインターネット出願システム上での主体性評価チェックリスト
（図版は筆者作成）

なお，茨城大学と茨城キリスト教大学では，本学と類似した方法を採用している。ただし，両大学ともに，調査書に基づき作成した5項目のうち1つを選択させ，それについての具体的な記述と，いくつかの評定尺度法による質問への回答を求めている点で，本学とは異なっている。本学のようにチェックだけによる自己申告は，管見の限り，他には見当たらない。

1.5. 事前アセスメント

東北大学入試センターでは，平成29年度（2017年度）から入試をめぐる特定の課題に関して，本学に志願者，合格者を多数輩出する高等学校等を対象に調査を行い，その結果を方針決定や制度設計のエビデンスとして活用している。その一環として，平成30年度（2018年度）の調査では，「予告」（東北大学，2018）で示した主体性評価についての方針（チェックリストによる自己申告方式，合否ラインに志願者が同点で並んだ場合に利用，チェックの根拠は調査書のみ）についての賛否を尋ねた（詳細は，倉元他，2020参照）。

その結果，回答のあった250校のうち，単純集計では「賛成」41.6%，「どちらとも言えない」40.8%，「反対」17.6%であった。志願者数，合格者数で重みづけて集計[3]すると順に，「賛成」46.9%，47.4%，「どちらとも言えない」42.3%，42.3%，「反対」10.8%，10.3%となり，「賛成」が5割近くである一方，「反対」は1割程度であった。ただし，「どちらとも言えない」は4割程度を占めた。

以上の結果から，実施前で判断がつかない学校も相当数あることに留意しつつも，本学の主体性評価についての方針は，おおむね支持されたと判断した。

2. 主体性評価チェックリストの実施結果

主体性評価チェックリストの実施結果として，導入された令和3年度（2021年度）から直近の令和5年度（2023年度）までの一般選抜前期日程のデータに基づいて検討する。主体性評価チェックリストの結果を活用する場

3　ここでいう重みづけ集計とは，志願者数，合格者数それぞれを当該高校の回答に重みとして乗じて集計することである。例えば，志願者数が10名であれば，志願者数重みは10，100名であれば100として集計する。東北大学に志願者，合格者を多数輩出する高校等の母集団の実態把握には適した指標と考えられる（詳しくは，倉元・宮本・長濱，2019参照）。

面が，最終段階選抜での合否ラインで志願者が同点で並んだ場合であることから，前期日程志願者のうち個別学力試験までを受験した者を分析対象とした。なお，本学では，合否ラインで同点で並んだ件数については公開していない。

2.1. 志願者の自己申告状況

各志願者の主体性評価チェックリストのチェック項目数を求めた。表3－3はチェック項目数の平均値と標準偏差を年度ごとに示したものである。いずれの年度においても，一定の幅をもって分布していた。年度を要因にして分散分析を行った結果，有意差は認められなかった（$F(2, 11792) = 1.57$, *n.s.*）。

年度ごとに合格者と不合格者それぞれのチェック項目数の平均値についてt検定（Welchの修正法，両側検定）を行った。その結果，表3－4の通り，いずれの年度においても有意差が認められた。しかしながら，効果量dを求めるときわめて低かった[4]。実際，合格者と不合格者の平均値差は0.09～0.15程度に過ぎない。自由度が大きいため僅かな差でも有意となったが，実質的は差はないと考えられる。

表3－3． 各年度におけるチェック項目数の平均値(M)と標準偏差(SD)

	2021（令和３）	2022（令和４）	2023（令和５）
N	4036	3957	3802
M	3.92	3.87	3.88
SD	1.27	1.30	1.28

注）N：人数

表3－4． 各年度における合格者・不合格者によるチェック項目数のt検定の結果と効果量(d)

	2021（令和３）	2022（令和４）	2023（令和５）
t値	3.72^{**} $df = 3860$	2.74^{**} $df = 3853$	2.37^{**} $df = 3757$
効果量 (d)	0.09	0.07	0.06

** $p < .01$

4　山際・服部（2016）によれば，効果量dは，0.8以上で平均値差は「大きい」，0.5～0.8で「やや大きい」，0.2～0.5で「小さい」と解釈される。

2.2. 他の選抜資料との関連性

倉元他（2022）が，本学歯学部における令和３年度（2021年度）の一般選抜の選抜資料間の相関分析を行ったところ，主体性評価チェックリストのチェック項目数と，大学入学共通テストの成績および個別学力試験の成績との間には有意な相関は見られなかった。一方，調査書の評定平均値および面接試験の成績[5]とは有意な相関が見られた。さらに，主成分分析の結果，大学入学共通テスト，個別学力試験に負荷量の高い成分と，主体性評価チェックリスト，調査書の評定平均値，面接試験に負荷量の高い成分の２つが見出された。

以上の結果から，主体性評価チェックリストが捉えるものと，①筆記試験が捉えるものとの類似性は比較的低く，②調査書の評定平均値および面接試験が捉えるものとの類似性は比較的高いことが示唆される。そこで，すべての年度・募集単位[6]で，主体性評価チェックリストと他の選抜資料との相関係数（Pearson の積率相関係数）を求めた。

その結果，面接を除く各選抜資料については計42個（３年×14募集単位）の相関係数を得た。面接については５募集単位のみでの実施のため15個となった。表３−５は，選抜資料ごとに有意な相関係数の度数を示したものである。42個の相関係数が得られた選抜資料のうち，有意な相関係数の度数が最も多かったのは，調査書評定平均値で25個であった。そのうち，0.2を超

表３−５．主体性評価チェックリストと他の選抜資料との有意な相関係数の度数

	大学入学 共通テスト （42）	個別学力 試験 （42）	調査書 評定平均値 （42）	面接 （15）
0.3以上	0	1	3	0
0.2以上	8	3	12	5
0.2未満	8	8	10	0
計	16	12	25	5

注）カッコ内は相関係数の総度数

5　本学の医学部および歯学部では，医療人としての適性を判断するために一般選抜において面接試験を課し，配点も定めている。

6　ここでは大学入学共通テストと個別学力試験で課せられる教科・科目とそれらの配点が同じであることを基準にして，文学部，教育学部，法学部，経済学部文系，経済学部理系，理学部，医学部医学科，医学部保健学科看護学専攻，同放射線技術科学専攻，同検査技術科学専攻，歯学部，薬学部，工学部，農学部，の計14を単位とした。

えるものが半数以上あった。大学入学共通テストは16個，個別学力試験は12個であり，両者とも半数以上が0.2未満であった。一方，面接は５個にとどまったが，いずれも0.2を超えていた。

以上から，上記の①および②の予測をおおむね支持する結果が得られた。

３. 高校調査の結果

3.1. 調査の概要

1.5.で述べた高校調査の一環として，「新学習指導要領の下での成績評価と東北大学の入試における主体性評価」について令和４年度（2022年度）調査が実施された（詳細は，倉元・宮本・久保・長濱，2023参照）。例年と同様に，東北大学に志願者・合格者を多数輩出する高等学校等343校を対象とした。調査期間は令和５年（2023年）１～５月であった。

主体性評価については，４つの質問項目を用意した。そのうち，①主体性評価チェックリストの認知の程度，②根拠資料として調査書のみを使用することの評価，③合否ラインに同点で並んだときのみ利用することの評価，についての３つの質問項目は選択式とした。加えて，令和７年度（2025年度）以降も現行方式を継続する見通しにあることに対する意見を自由記述で求めた。調査依頼状の送付の際は，主体性評価についての「予告」（東北大学，2019，2020）も同封した。

3.2. 集計結果

279校（81.3%）からの回答が得られた。まず，選択式の３項目の結果を報告する。なお，志願者数，合格者数で重みづけ集計しても結果がほとんど変わらなかったので単純集計の結果のみを示す。主体性評価チェックリストの認知度を見ると（表３-６，無回答２校），「よく知っている」あるいは「ある程度知っている」と回答した学校は計65.7%を占めたが，「あまり知らない」あるいは「ほとんど知らない」と回答した学校も34.3%にのぼった。本学に多数の志願者，受験者を輩出する学校にもかかわらず，主体性評価チェックリストが十分に認知されていない状況がうかがえた。以後の集計では，前者を認知高群，後者を認知低群とし，群別の比較も行う。

根拠資料として調査書のみを使用することの評価を見ると（表３-７），全

表3-6．主体性評価チェックリストの認知度（N = 277）

	%
よく知っている	21.3
ある程度知っている	44.4
あまり知らない	26.7
ほとんど知らない	7.6

表3-7．根拠資料が調査書のみについて（%）

	認知高（N = 182）	認知低（N = 95）	全体（N = 277）
調査書以外の資料も用いるべき	4.9	8.4	6.1
現在のままでよい	86.3	78.9	83.8
調査書を根拠資料とすべきでない	4.9	11.6	7.2
その他	3.8	1.1	2.9

表3-8．合否ライン同点での利用について（%）

	認知高（N = 182）	認知低（N = 95）	全体（N = 277）
もっと積極的に利用すべき	3.3	4.2	3.6
現在のままでよい	86.3	74.7	82.3
一切利用すべきでない	6.6	14.7	9.4
その他	3.8	6.3	4.7

体の8割以上が「現在のままでよい」であった。Fisherの直接法（両側検定）によれば，認知高群と認知低群で回答の割合に有意差は認められなかった（p = .07）。合否ラインに同点で並んだときのみ利用することの評価についても（表3-8），全体の8割以上が「現在のままでよい」であり，また，群間に有意差は認められなかった（p = .09）。

自由記述については190名が回答した。そのうち，153名（80.5%）が令和7年度（2025年度）以降も現行方式を継続することを支持する意見であった。

以上から，主体性評価チェックリストについては，認知度にかかわらず，大半の学校で肯定的に受け止められていることが示唆された。

4．まとめ

主体性評価チェックリストの導入にあたっては，1.3.で若干触れたが，志願者による恣意的な自己申告に対する懸念があった。しかしながら，過去3

年間を通して，チェック項目数には一定の広がりが見られ，平均値も同じ水準であった。このことから，多くの志願者は正直に申告したと推察される。申告内容と調査書が照合されることも，そうした行動を促したと考えられる。

過去3年間の実施結果からは，主体性評価チェックリストの妥当性を示唆する知見も得られた。すなわち，主体性チェックリストのチェック項目数と，①筆記試験の成績との相関は相対的に弱く，②調査書の評定平均値や面接試験の成績との相関は相対的に強い。この結果は，各選抜資料がカバーするであろう主体性の領域に照らして次のように解釈できる。

主体性評価チェックリストは，1.1. で述べた通り，多様な領域の主体性を把握するように構成されている。そのため，図3－5に示す通り，①筆記試験に反映される（受験教科・科目の）学習領域に特化した主体性との重なりは小さくなると考えられる。一方，②調査書の評定平均値は，高校教員による履修教科・科目を横断した評価の総体であること，また，面接試験では，医療人として適性が観察・評価されるので，カバーされる主体性の領域もより広くなることから，それぞれ主体性評価チェックリストが捉える主体性との重なりは大きくなると考えられる。

以上の解釈はあくまで仮説の段階であり，さらなる検証が必要である。今後，確証が得られた場合，主体性評価チェックリストと調査書とを照合する

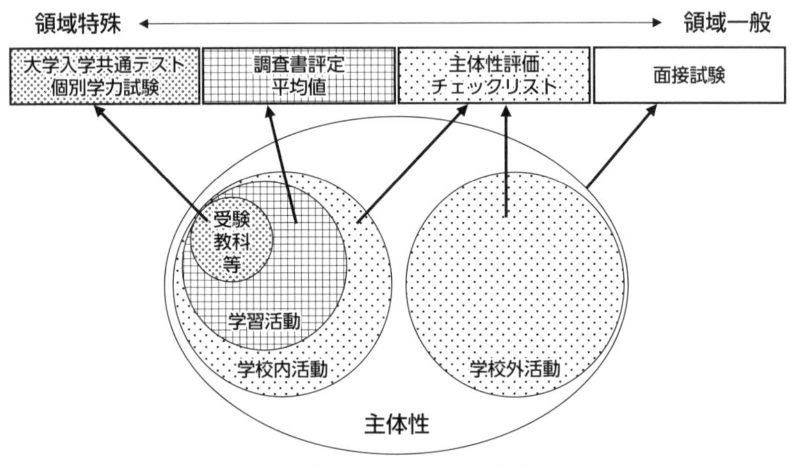

図3－5． 主体性評価に関する仮説モデル

際は，表３－１に示した記載欄に加え，評定平均値も確認することが望ましいと考えられる。

高等学校側の反応を見ると，大半の学校が主体性評価チェックリストを肯定的に受け止めていることが示唆された。「高等学校に過重な負担をかけない」とした設計コンセプトが機能していることがうかがえる。ただし，合否ラインで志願者が同点で並んだ件数を非公開としていることの影響も考慮する必要がある。

以上，現状においては，主体性評価チェックリストには，許容できないほどの重大な問題は見出されてはいない。令和７年度（2025年度）入試から，調査書の様式が変更されるが，チェックされた項目とそれに対応した記載欄との照合作業に支障をきたすことはないであろう。したがって，今後も，現行制度において主体性評価チェックリストを継続しても差し支えないと考えられる。

第４節　おわりに

１．政策対応型の入試制度設計にどう取り組むか

第３節で示した通り，東北大学における主体性評価の制度設計はうまく機能しているといえる。そこに至った要因として，特に次の３点をあげることができる。

第１は，評価の対象である主体性という構成概念を十分に検討したことである。測定論的には，対象が明確でなければ，測定も評価もできない。この基本原理が軽視され，調査書といった道具立てが先行し，「主体性は何か」よりも，「主体性をどう評価するか」が求められてきた。こうした本末転倒な状況については，大学入学者選抜における多面的な評価の在り方に関する協力者会議（2021）でも問題視され，「各大学はアドミッション・ポリシーに基づき，各大学の判断において，評価しようとする『主体性を持ち，多様な人々と協働しつつ学習する態度』を定義し，明らかにする必要がある」（p.５）と提言している。本学での理論的検討はそれを先取りしていたといえよう。このように，たとえ国から所与のものとして示されたことでも，学術的な観点からクリティカルに検証することが重要である。

第2は，実行可能性を重視したことである。主体性評価チェックリストは，主体性の理論的検討に基づき，妥当性・信頼性を確保しつつ，大学側，志願者側の双方に負担をかけないように設計された。文部科学省（2017）が一般選抜における主体性評価で例示した選抜資料は，調査書以外では，「エッセイ，面接，ディベート，集団討論，プレゼンテーション，各種大会や顕彰等の記録，総合的な学習の時間などにおける生徒の探究的な学習の成果等に関する資料やその面談など」であるが，一般選抜の規模を考えた場合，不向きといえる。妥当性を優先したためと推測されるが，（評価者）信頼性とともに実行可能性が軽視されている。「現場」の実情に対する理解が不足していることがうかがえる。現場としては，実践的知識に基づき，できることとできないことの峻別をすることが肝要である。

第3は，エビデンスに基づいたことである。特に，本学への志願者を輩出する「当事者性」（宮本，2021）の強い高校の教員に対して，制度設計の是非について調べ，支持を確証したことである。当該の制度設計の導入や継続の判断においては，入学後の追跡調査結果といったエビデンスも重要であるが，第1節で述べた入試戦略の観点からは，当事者性の強い高校の教員の声は最も尊重されるべきであろう。

以上の要因は，主体性評価という政策対応型だけでなく，入試制度設計一般にも応用できる知識である。今後，各大学のアドミッションセンターが入試制度設計に取り組む上では，このような知識を共有・蓄積することが有益であろう。そのためには，基盤となる学問領域の確立と，研究者や実践者らのコミュニティの形成が望まれる。

また，東北大学の適切な制度設計を成し遂げられたのは，アドミッション部署の構成員が，学問的専門性やエビデンス生産のスキル，高校現場を尊重する態度等を有していることによる。結局のところ，アドミッションセンターが十分に機能するには，それを担う人材の育成こそが一番の課題である。

2．主体性評価の再考

最後に，本稿で取り上げた主体性評価についてあらためて私見を述べておきたい。

高大接続改革におけるキーワードの 1 つに「波及効果」(washback effect) がある。ハイステイクス (high-stakes) な評価 (大学入試のような人の将来や意思決定に大きな影響を及ぼす評価) が，教師や学習者に与える効果のことである (村山，2006)。大学入試を変えれば高校教育も変わる，というのが今回の入試改革の発想にある。しかし，波及効果が必ずしもポジティブであるとは限らない。学習者ができるだけ効率的に高い評価を得るために，評価に行動を合わせすぎて，行動が形骸化することも考えられる。

主体性の評価においても大学入試に導入されることで高校生が入試で評価されるような活動それ自体に傾倒する可能性が考えられる。さらに，受験産業などが準備するハウツーの浸透は予想されることであり，開発された測定・評価ツールのもつ当初の妥当性は，おそらく年ごとに劣化していってしまうことにもなる (大塚・柴山・植阪・遠藤・野口，2018)。

以上のことは，入学者選抜の妥当性にとって脅威となろう。しかしながら，一心理学者の観点からはそれ以上に懸念すべきことがある。

第 2 節の2.2.3. で述べたことの繰り返しになるが，高校時代はアイデンティティ形成にとって重要な時期である。自分とは何か，将来どう生きるべきかを悩みながら，自分づくり (自己形成活動) に試行錯誤する時期だからである。これは，人の生涯発達にとってきわめて重要な行為である。大学入試で主体性を評価することによって，こうした行為が形骸化されはしないだろうか。もっといえば，主体性という情意，あるいは，非認知的領域の評価をハイステイクスな場面に持ち込むことによって，心理社会的に「健全な」発達が阻害される危険性はないであろうか。本来，情意領域は形成的評価の対象であって，総括的評価の対象とすべきではない (石井，2015)。

高大接続改革を先導した中央教育審議会答申 (中央教育審議会，2014) の副題には，「すべての若者が夢や目標を芽吹かせ，未来に花開かせるために」とある。これは，心理学的に言えば「自己実現」である。自己実現にとって，アイデンティティ形成は欠くことのできない極めて重要な基盤である。それに向けての高校時代の取り組みが促進されるような主体性の評価を工夫することこそが，大学の責務であろう。

付　記

本稿の執筆にあたっては，JSPS 科研費 JP23K20711，JP21H04409の助成を受けた。

文　献

荒井 克弘（2018）．高大接続改革の迷走　南風原 朝和（編）検証　迷走する英語入試——スピーキング導入と民間委託——（pp.89-105）岩波書店

中央教育審議会（2014）．新しい時代にふさわしい高大接続の実現に向けた高等学校教育，大学教育，大学入学者選抜の一体的改革について～すべての若者が夢や目標を芽吹かせ，未来に花開かせるために～（答申）　文部科学省　Retrieved from https://www.mext.go.jp/b_menu/shingi/chukyo/chukyo0/toushin/__icsFiles/afieldfile/2015/01/14/1354191.pdf（2024年 2 月13日）

大学入学者選抜における多面的な評価の在り方に関する協力者会議（2021）．大学入学者選抜における多面的な評価の在り方に関する協力者会議　審議のまとめ　文部科学省　Retrieved from https://www.mext.go.jp/content/20210331-mxt_daigakuc02-000013844_1.pdf（2024年 2 月13日）

Deci, E. L., & Ryan, R. M.（Eds.）．（2002）．*Handbook of self-determination research.* University of Rochester Press.

Erikson, E. H.（1959）．*Identity and the Life Cycle: Selected Papers.* International Universities Press.（エリクソン, E. H.　小此木 啓吾（訳編）（1982）. 自我同一性——アイデンティティとライフ・サイクル—— 誠信書房）

南風原 朝和（2016）．新テストのねらいと予想される帰結　指導と評価，*62*（ 9 ），21-23.

畑野 快・原田 新（2014）．大学生の主体的な学習を促す心理的要因としてのアイデンティティと内発的動機づけ——心理社会的自己同一性に着目して——　発達心理学研究, *25*（ 1 ）, 67-75.

速水 敏彦（1998）．自己形成の心理——自律的動機づけ——　金子書房

石井 英真（2015）．教育目標と評価　西岡 加名恵・石井 英真・田中 耕治（編）　新しい教育評価入門——人を育てる評価のために——　（pp.77-111）　有斐閣

瀆 立男（2023）．高大接続改革における「主体性等」評価の現状と課題——一般選抜における「主体性等」評価に焦点を当てて——　大学入試研究ジャーナル，*33*, 291－298.

鹿毛 雅治（2013）．学習意欲の理論——動機づけの教育心理学——　金子書房

鹿毛 雅治（2018）．学習動機づけ研究の動向と展望　教育心理学年報，*57*，155-170.

関西学院大学・大阪大学・大阪教育大学・神戸大学・早稲田大学・同志社大学・立命館大学・関西大学（2017）．平成28年度委託業務成果報告書　各大学の入学者選抜改革における課題の調査分析及び分析結果をふまえた改革の促進方策に関する調査研究と「主体性等」をより適切に評価する面接や書類審査等 教科・科目によらない評価手法の調査研究　文部科学省　Retrieved from https://www.mext.go.jp/content/1397824_005_01.pdf（2024年 2 月13日）

高大接続システム改革会議（2016）．高大接続システム改革会議「最終報告」 文部科

学省 Retrieved from https://www.mext.go.jp/component/b_menu/shingi/toushin/__icsFiles/afieldfile/2016/06/02/1369232_01_2.pdf（2024年2月13日）
倉元 直樹（2015）．大学入学者選抜における高校調査書　教育情報学研究, *14*, 1-13.
倉元 直樹（2020）．受験生保護の大原則と大学入試の諸原則　倉元 直樹（編）「大学入試学」の誕生（pp.6-17）　金子書房
倉元 直樹・久保 沙織・服部 佳功（2022）．東北大学歯学部一般選抜における面接試験の機能　教育情報学研究, *21*, 35－50.
倉元 直樹・宮本 友弘・長濱 裕幸（2019）．高大接続改革への対応に関する高校側の意見――東北大学のAO入試を事例として――　日本テスト学会誌, *15*（1）, 99－119.
倉元 直樹・宮本 友弘・長濱 裕幸（2020）．高大接続改革に対する高校側の意見とその変化――「受験生保護の大原則」の観点から――　日本テスト学会誌, *16*（1）, 87－108.
倉元 直樹・宮本 友弘・久保 沙織・長濱 裕幸（2023）．新学習指導要領下の高等学校における評価の問題――観点別評価と大学入試――　日本テスト学会第21回大会発表論文抄録集, 94-99.
Marcia, J.E.（1966）. Development and validation of ego-identity status. *Journal of Personality and Social Psychology, 3*（5）, 551-558.
宮本 友弘（2019）．「主体性」評価の課題と展望――心理学と東北大学AO入試からの示唆――　東北大学高度教育・学生支援機構（編）大学入試における「主体性」の評価――その理念と現実――（pp.7-29）東北大学出版会
宮本 友弘（2021）．エビデンスからみた大学入試学の意義と実際　宮本 友弘・久保 沙織（編）大学入試を設計する（pp.2-25）　金子書房
宮本 友弘・久保 沙織・倉元 直樹・長濱 裕幸（2024）．東北大学の一般選抜におけるチェックリストを活用した主体性評価の実施結果について　大学入試研究ジャーナル, *34*, 205-210.
溝上 慎一（2011）．自己形成を促進させる自己形成モードの研究　青年心理学研究, *23*, 159-173.
溝上 慎一（2016）．青年期はアイデンティティ形成の時期である　梶田 叡一・中間 玲子・佐藤 德（編）現代社会の中の自己・アイデンティティ（pp.21-41）　金子書房
溝上 慎一・中間 玲子・畑野 快（2016）．青年期における自己形成活動が時間的展望を介してアイデンティティ形成へ及ぼす影響　発達心理学研究, *27*, 148-157.
文部科学省（2017）．平成33年度大学入学者選抜実施要項の見直しに係る予告　文部科学省　Retrieved from https://www.mext.go.jp/content/20200318-mxt_daigakuc02-000005730_7.pdf（2024年2月13日）
無藤 隆・森 敏明・遠藤 由美・玉瀬 耕二（2004）. 心理学　有斐閣
村山 航（2006）．教育評価　鹿毛 雅治（編）朝倉心理学講座8　教育心理学（pp.173-194）　朝倉出版
中間 玲子（2016）．日本人の自己と主体性　梶田 叡一・中間 玲子・佐藤 德（編）現代社会の中の自己・アイデンティティ（pp.2-20）　金子書房

西郡 大（2015）．入試制度設計がもたらす志願者動向への影響——後期日程の制度設計を事例に——　大学入試研究ジャーナル, *25*, 37–42.
西村 多久磨・河村 茂雄・櫻井 茂男（2011）．自律的な学習動機づけとメタ認知的方略が学業成績を予測するプロセス——内発的な学習動機づけは学業成績を予測することができるのか？——　教育心理学研究, *59*, 77–87.
大塚 雄作・柴山 直・植阪 友里・遠藤 俊彦・野口 裕之（2018）．学力の評価と測定をめぐって　教育心理学年報, *57*, 209–229.
櫻井 茂男（2009）．自ら学ぶ意欲の心理学——キャリア発達の始点を加えて——　有斐閣
田中 耕治（2008）．教育評価　岩波書店
田中 敏（1994）．心のプログラム——心理学の基礎から現代社会の心の喪失まで——　啓文社
辰野 千壽（2001）．改訂増補 学習評価基本ハンドブック——指導と評価の一体化を目指して——　図書文化
東北大学（2018）．平成33年度（2021年度）入試における本学の基本方針について（予告）　東北大学　Retrieved from https://www.tnc.tohoku.ac.jp/images/news/H33housin.pdf（2024年２月13日）
東北大学（2019）．令和３年度（2021年度）一般選抜入学試験における主体性等の評価について（予告）　東北大学　Retrieved from https://www.tnc.tohoku.ac.jp/images/news/20190717yokoku_2.pdf（2024年２月13日）
東北大学（2020）．令和３年度（2021年度）一般選抜入学試験における主体性評価チェックリストの活用について（予告）東北大学 Retrieved from https://www.tnc.tohoku.ac.jp/images/news/20200117_2yokoku.pdf（2024年２月13日）
東北大学高度教養教育・学生支援機構（2018）．第28回東北大学高等教育フォーラム報告書「主体性」とは何だろうか——大学入試における評価とその限界への挑戦——　東北大学高度教養教育・学生支援機構 Retrieved from http://www.ihe.tohoku.ac.jp/cahe/wp-content/uploads/2018/12/d94e28611f5e46241aa7aa823072c464.pdf（2024年２月13日）
山際 勇一郎・服部 環（2016）．文系のためのSPSSデータ解析 ナカニシヤ出版
脇田 貴文・北原 聡・伊藤 博介・井村 誠・中田 隆（2018）．大学入学者選抜における調査書活用に向けた課題（２）——調査書記載事項の活用可能性——　平成30年度全国大学入学者選抜研究連絡協議会大会（第13回）研究発表予稿集, 22–27.

私立大学におけるアドミッションセンター

脇田　貴文

◆◇◆

第１節　はじめに

アドミッションセンターは，本書第１章「国公立大学のアドミッションセンターとは何か」で述べられている経緯で登場した。2000年頃，各国公立大学にアドミッションセンターが設立され，「国公立大学アドミッションセンター連絡会議」も組織されている。そのため，アドミッションセンターは国公立大学内に設置されている印象が強い。しかし，第１章で示されたように，その主管する業務や学内での位置づけは大学によるところが大きいようである。

本章では，私立大学のアドミッションセンターに関して扱うが，国公立大学でこれだけ多様な形が存在するということは，私立大学ではさらに多様な形が存在することをあらかじめ述べておく。また，筆者は関西大学に所属しており，事例は関西大学のものとなることをお断りしておく。

◆◇◆

第２節　私立大学におけるアドミッションセンター

そもそも私立大学に国公立大学のアドミッションセンターに相当する「アドミッションセンター」は存在するのだろうか。日本私立大学連盟発行の高等教育に関する情報誌である『大学時報』では，大学入試に関わる内容も頻繁に掲載されている。ウェブサイト（https://daigakujihou.shidairen.or.jp）上のバックナンバー全文検索機能で検索すると，「アドミッションセンター」で13件がヒットし，論文・記事の重複を外すと実質３件であった（2024年５月現在)。管見では私立大学では,「アドミッションセンター」という組織・呼称はほとんど使用されていないと思われる。私立大学において,入試施策の考案や実施・入試広報を行う組織には,入試センターや入試課といった名称が用いられている。

私立大学に,(呼称としての)アドミッションセンターが存在しない理由は,国公立大学のアドミッションセンターの設立経緯が関係しているのではないだろうか。国公立大学のアドミッションセンターはいわゆるAO入試の導入と密接な関係がある。現在の国公立大学と私立大学の違いは,AO入試の導入がその起点になっていそうである。

図4-1に示したように,もともと国公立大学でも私立大学でも入試を取り仕切っていたのは事務組織であったと考えられる。1990年に慶應義塾大学湘南藤沢キャンパス(SFC)において初めてのAO入試が実施され,他の私立大学に拡大していった。各私立大学はAO入試を導入する際に,特に研究組織を構えることなく,入試業務の一環として,それまで入試の実施等を行っていた入試課や入試センターが方針の決定や実施を担った。実際,関西大学でも,2010年までは,入試センターのグループの1つに,AO入試グループが存在していた[1]。このように従来の入試の実行組織の中にAO入試の担当部署が設置されたケースが多いのではないだろうか。あくまで,私立大学では,AO入試は一般入試の延長線上もしくは,入試という大きな枠組みの中に含められていたのだろう。誤解を怖れずいえば,志願者数で考えると,私立大学でAO入試が果たす役割がそれほど大きくなかったということも,このような取り扱いがなされた理由だろう。

一方,国公立大学では,AO入試を導入する際にこれまでとは別組織,つまりアドミッションセンターを構えた。あくまで想像の域を脱しないが,第1章にあるような所管業務や体制が大学間で大きく異なる要因もここにあるのではないだろうか。アドミッションセンターを設立する際に,入試業務をどのように分割するか,所管するかというところで各大学の対応が分かれたと考えられる。

---

1 当時は,入試グループが一般選抜等の入試の実施,AO入試グループが文字通りAO入試の実施を管轄していたが,2014年に,入試グループとAO入試グループが合併し,現在,一般入試および総合型選抜,学校推薦型選抜を管轄する入試高大接続グループが誕生した。

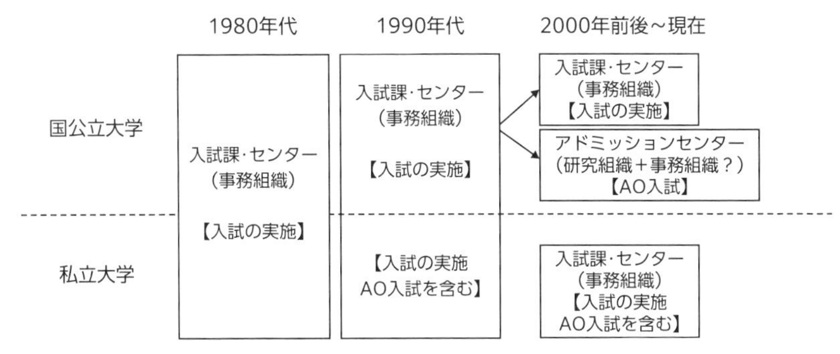

図４－１．入試組織の変遷[2]

AO入試をこれまでの入試・入試業務の中に位置づけた私立大学と，AO入試をこれまでの入試とは別物として位置づけた国公立大学という，AO入試に対する対応が現在の国公立大学と私立大学の入試を扱う組織の違いを生み出していると考えられる。なぜこのような違いが生じたかは非常に興味深い。

私立大学における入試組織の役割や所管する業務は，設立経緯や大学経営体制の違いによって多種多様である。さまざまなアドミッション施策に関する決定権が学部に存在する場合もあれば，大学執行部等が主導する場合もあるだろう。実際の決定権ということだけではなく，方針の決定まで含めると，これらの詳細，内情を外部からは伺い知ることは困難である。所管する業務に関しても，入試実施に関わる部分だけでなく，高大連携事業が含まれる場合もある。このあたりは，国公立大学のアドミッションセンターが多様であるという状況とは似ているが，次節から私立大学のアドミッション組織について概観する。

以降，私立大学に関しては，アドミッションセンターという呼称ではなく，アドミッション組織と呼ぶことにする。

2　国公立大学の2000年前後～現在（図4-1右上）では，入試課・センター（事務組織）とアドミッションセンターを分けて図示したが，私立大学のように入試課・センターの中にアドミッションセンターの機能をもった組織が含まれるケースもある。

◆◇◆

第３節　私立大学におけるアドミッション組織の位置づけと大学入試研究

国公立大学のアドミッションセンターと私立大学のアドミッション組織の違いは，さまざまな点において存在する。それでは何がその違いをもたらしているのだろうか。

関西大学におけるアドミッション組織は，入試センターである。入試センターはあくまで入試実施を担う組織であり，大学入試研究を行う研究組織ではない。事務組織の色が濃い点が，国公立大学のアドミッションセンターとの大きな違いを生み出している。具体的には，所属教員（研究者）が存在するか否かが大きな違いである。関西大学入試センターでも各種データ分析を行うが，あくまで業務として，さまざまな事柄に関して検討するための資料であり，そこに研究としての役割は存在していない。したがって，大学入試研究を行うようなアドミッションの専門職の育成などに関しても手をつけられていないのが現状である。

それでは，私立大学において大学入試研究は行われているのだろうか。大学入試センターが発行している『大学入試研究ジャーナル』の掲載論文数を表４-１にまとめた。設置種別は，第一著者の所属でカウントした。『大学入試研究ジャーナル』には，毎年実施されている全国大学入学者選抜研究連絡協議会（入研協）大会における研究発表の「一部」を中心に掲載されている。ここでは，この「一部」ということを強調しておき，まずは全体像をみてみる。

表４-１．大学入試研究ジャーナル掲載論文数（設置種別）

年	巻	国公立大学	公的機関	私立大学	その他	掲載合計
2018	29	40（.800）	1（.020）	6（.120）	3（.060）	50
2019	30	32（.800）	4（.100）	4（.100）	0（.000）	40
2020	31	49（.845）	1（.017）	7（.021）	1（.017）	58
2021	32	41（.911）	1（.022）	3（.067）	0（.000）	45
2022	33	41（.759）	7（.130）	6（.111）	0（.000）	54
2023	34	36（.818）	3（.068）	4（.091）	1（.023）	44
合計		239（.821）	17（.058）	30（.103）	5（.058）	291

表４‐１にあるように，開催年により若干の変動はあるものの，国公立大学が76%～91%，大学入試センターなどの公的機関が２%～13%であり，この両者を併せると80%以上，多い年では93%になる。一方，私立大学は多くても12%，数件が掲載されているのみである。

着目したいのは，2021年である。2020年はCOVID‐19により大会の開催が中止され，2021年はオンライン開催となった年である。この時，国公立大学＋公的機関で90%を越えている。語弊があるかもしれないが，これは業務として入試研究が行われ，その成果を発表する場が入研協大会であり，『大学入試研究ジャーナル』であるためではないだろうか。具体的には，国公立大学のアドミッションセンターに所属するのは研究者が多く，研究者が自身や所属組織としての業績・成果を残すことが求められる。ある意味，業務上の義務的な側面もあるだろう。一方，先述したとおり，私立大学ではアドミッション組織に研究者が所属しているケースは少なく，業務として研究を行いその成果を発表するというモチベーションが必ずしも高くないことが，発表数の差に大きく影響していると思われる。

さらに，2018年から2023年の私立大学を合計すると30件となるが，筆頭著者の数は17名であり，毎年同じ研究者（担当者）が継続して発表を行っているケースが多く，実人数は少ない。発表内容をみてみると，公表されている情報を分析したもの，自身の所属大学の卒業生調査など，IR（Institutional Research）に関連する内容がほとんどであった。

私立大学における大学入試研究の現状を考えるとそこには大きな課題が２つある。それはアドミッション組織に所属する研究者が存在しないこと，もうひとつが競合大学の存在である。前者に関しては上述してきたとおりである。後者に関しては，もちろん国公立大学にも競合大学は存在するが，私立大学とは状況が大きく異なる。まずは受験機会という意味で言えば，国公立大学の一般入試の場合２回程度の実施機会となり，受験時点（例えば高校３年生の２月）においては，競合大学は少ない。一方，私立大学の場合は，受験機会も多く，受験パターンもかなりの数が存在する。例えば，２月１日にＡ大学，２日にＢ大学，３日にＡ大学，４日にＣ大学という受験も可能である。また，合格後，実際に入学に結びつくかという点でも，合格すればほぼ入学に結びつく国公立大学に比べて，私立大学は合格した他大学との比較検討を経て入学につながる。したがって，国公立大学とは比べものにならない数の競争相手が存在する。受験産業や社会的な関心，いわゆる早慶や関関同立といった大学グループの存在がその色を濃くしている。正直，所属する立場からすると競争の図式を提供され，競争を促されている気もする。一方で，このグルーピングがあることにより，大学間で切磋琢磨しているというポジティブな側面もあることを付記しておく。

大学入試研究が「研究」であり，得られた知見の公表が目的であることを考えると，他大学との熾烈な競争環境にある私立大学が慎重になるのは当然だろう。端的にいうと自身の大学の入試に関わる情報を公開することは「手の内を明かす」ことになる。それは可能な限り避けたいというのが本心であり，慎重にならざるをえない。先ほど，入研協大会における発表の「一部」が掲載されていると述べたが，体感として入研協大会での私立大学関係者の発表は掲載数の割合よりは多い。つまり入研協大会から『大学入試研究ジャーナル』に掲載となる段階で，私立大学関係の発表が消えている。入研協大会では，大学関係者，入試関係者のみが参加できるクローズドな発表の場が用意されており，そこでの発表は許容されるが，Web でも公開される『大学入試研究ジャーナル』には掲載できない（大学から掲載の許可が下りない）ケースも存在するのだろう。

つまり，大学に，大学入試に関する研究知見を公表するモチベーションや義務がないのであれば，研究を行う必要はなく，そのための教員（研究者）も必要ないということになる。これらの要因が，私立大学にアドミッションセンターが存在せず，所属研究者が存在せず，大学入試研究が（表立って）行われない理由であろう。

第４節　私立大学において大学入試研究を行う意義

上述のように，少なくとも結果や知見を公表するという意味において，私立大学では大学入試研究はあまりなされていない。しかし，私立大学において大学入試研究を行うことの意義はある。特に次の 2 点は大きな強みとなりうる。

1．研究におけるデータ数

大学入試研究に限らず，研究においてデータ数は非常に重要である。国公立大学の学部の定員をみてみると，上位から大阪大学，東京大学で1学年3,000名程度，大多数の大学が2,000～2,500名程度ある。対して，私立大学は多種多様であるが，関西大学の場合1学年6,500名程度であり，国公立大学の2～3倍のデータ数になる。もちろん地域や学生の層（学力だけでなく気質なども含めて）などの影響は排除できないが，データ分析上大きな強みになる。例えば筆者は，高校の調査書記載内容と在学成績の関連を検討したが，多種多様な記載が存在し，データ数が大きな強みとなった（脇田・北原・小泉・井村・中田，2017）。入学者の出身高校の数も国公立大学よりもかなり大きなものとなる。例えば，調査書研究において，成績概評の分布などを研究する場合にも大きなメリットとなった。

2．データの多様性

データ分析を行う際に，データの多様性が重要になってくる。統計のテキストでは，相関係数の説明として，「2つの変数の直線的な関係を表す指標であること」とともに，「外れ値の影響を受けやすい」「切断効果に留意すること」「因果関係を表す指標ではない」等の注意事項が記述されている。

2つ目の切断効果は，例として図4－2のような入試成績と大学成績との関連を例として説明されることが多く，まさに大学入試研究において，研究結果に大きく影響するとともに，解決が難しい問題である。図4－2は入試成績をX軸，入学後の成績をY軸にとった，ダミーデータである。入試が選抜機能を果たしていれば，入試成績と在学成績には高い相関がみられるはずである。しかし，実際には，ある合否ライン（ここでは650点）に満たない受験生は，そもそも入学ができず，在学成績も存在しない。したがって仮に不合格の受験生も入学し，在学成績が存在すれば，$r = 0.747$という相関になるが，入学者（点線よりも右側のデータ）のみを用いて相関係数を求めると$r = 0.384$となり，入試成績と在学成績の関連は，弱い相関程度になってしまう。

このことは，各大学のデータを用いて行われる入試研究にも影響する。ある「特定の層」だけに偏ったデータの場合，本来は2つの変数間に強い関連

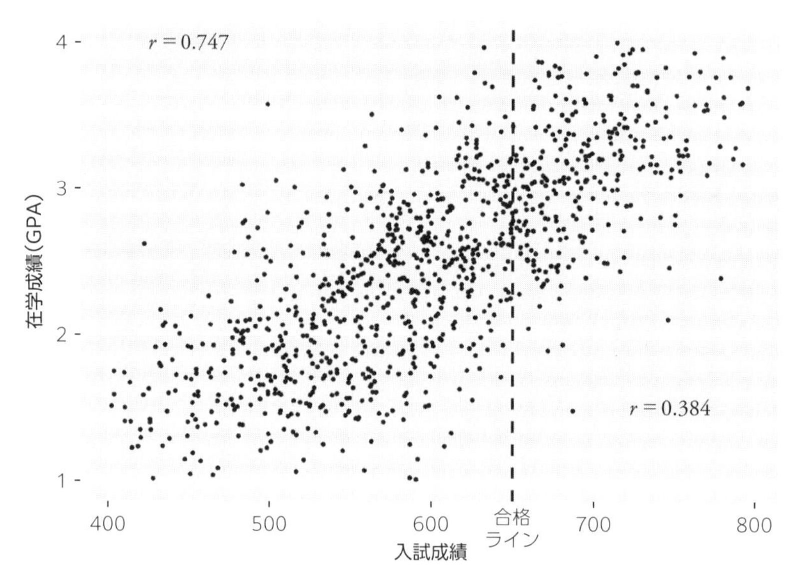

図 4-2． 切断効果の例：入試成績と在学成績の関連（ダミーデータ）

があったとしても切断効果により相関係数としては低くなってしまう。「特定の層」というのは，入学した特定の層と考えると国公立大学のように一定の成績（一般選抜）で選抜された学生がほとんどの場合，切断効果が生じやすい状況になっている。たしかに総合型選抜によって入学した学生も存在するが，小集団といえるだろう。さらに，国公立大学では大学に対する志望度が高かった学生が多いかもしれない。「層」は，学力だけではなく，大学で学ぶモチベーションやサークル活動に対する積極性，アルバイトに対する考え方など様々な「層」が存在することに着目してほしい。

一方，私立大学の場合は，一般選抜，総合型選抜，学校推薦型選抜など様々な入試を経て入学した学生で構成される。一般選抜と総合型選抜だけであれば，国公立大学と大きな違いはないが，学校推薦型選抜は少し事情が異なる。この選抜で入学する学生の「層」はあってないようなものであり，少なくとも国公立大学よりもバリエーションが大きくなると考えられる。また，国公立大学であれば合格した受験生はほぼ入学につながるが，私立大学ではそうではない。もちろんこのことは，研究内容によってメリットになる場合，デメリットになる場合が存在することは付記しておく。

第５節　私立大学における大学入試研究への障壁

1．入試組織に研究者が存在しない

先述したとおり，私立大学においては入試組織に所属する教員（研究者）はほとんど存在しない。かくいう筆者は，入試研究を行っているものの，所属は学部の教員であり，あくまで入試組織における役職（入試センター副所長）や学部執行部の役職（学部入試主任）として関わっているに過ぎない。実際のところ，入試データの分析をしてもしなくても問題はない立場である。

管見ながら，多くの私立大学の入試に関連する研究者は，本務としては学部教育等を行う立場であり，大学執行部や役職として入試組織に所属している・関与しているケースが多い。

やはり積極的に大学入試研究を行う場合，職務として行うべきであるし，その専門家が不可欠であろう。

2．入試データの取り扱い・分析の許可

入試データを分析しようとした場合，どこに確認するかという点も各大学で異なるのではないだろうか。当然，非常にデリケートなデータであり，その管理は厳重に行わねばならないし，どのような分析をするためにそのデータが必要かも示す必要がある。このあたりに関しては各大学での取り扱いがあると思われるが，入試組織に属さない研究者の場合，大学入試研究を行いたいという動機があったとしても，それを実行に移すことはハードルが高いのではないだろうか。

3．研究結果の公表

大学入試研究を行ったら当然結果を論文や学会発表として公表したいが，これが最もハードルが高い。先述した競合大学のこともあり，なかなか手の内を明かすことは難しい。秘匿したいことが多いのが実状である。前節では，競合相手が複数存在することを述べたが，必ずしもそれだけではないかもしれない。国公立大学を考えると，総合型選抜・学校推薦型選抜は各大学で工夫がされているが，定員に対する割合はそれほど大きくない。そして，一般

選抜は，「大学入学共通テスト＋各大学の個別試験」という形がほとんどである。つまり，総合型選抜・学校推薦型選抜に関しては大学独自ではあるものの，一般選抜では，配点等の独自性はあるかもしれないが大枠としては変わらない。それほど他大学に秘匿したいことは存在しないのではないだろうか。

一方，私立大学は一般選抜ひとつとっても，必要な科目数は様々，科目の組み合わせも多様であり入試方式のデパートといわれることもある。さらに，学部併願の方法なども各大学が知恵比べをしている。実際，ある大学が行った施策により，もう片方の大学の志願者が減少したり，歩留まりが読めなくなったりするということも生じている。どうしても，他大学に手の内を明かしたくないという気持ちは存在する。

少し昔話になるが，筆者が初めて大学入試研究を行ったときを振り返ってみる。初めて入試データを触ったのは，学部の入試主任のときである。その際は，所属学部のデータだけを入試センターから提供を受けて分析を行った。その後，入試センター副所長という入試センターの役職に就き，全学の入試データを分析する（分析できる）ことになった。

分析結果を研究として発表する際にポイントとなったのは，入研協というクローズドな学会であることを強調して，まずは入試センターの事務の課長に相談をした。その後，課長から入試事務局の局長へ，同時に入試センター所長に話をした。幸いどの方にもポジティブに受け止めて頂き，担当副学長に話が進み，最終的には学長の許可を得ることで発表にこぎ着けた。関西大学として（おそらく）初めての入試研究の発表であったこともあり，どこか一箇所でも難色を示されたとしたら実現しなかっただろう。その後，実際の英語の入試問題・解答データを用いて分析を行った研究（水本・脇田・名部井, 2017）を発表したが，本当に公表して良いのか，できるのかという声も耳にした。弊学では，多くの方の理解により，入試研究を行うことが認められる風土ができている（と信じたい）。

大学入試研究を行う際に，どこに話をして，どこから許可をもらうかは非常に重要であり，分析作業や論文化の作業よりも重要かつ大変な労力が必要だろう。話は戻るが職務ではない場合，このハードルを越えていくのは難しいかもしれない。どうしても「前例」がないと慎重にならざるを得ない。しかし，私立大学においても入試研究を行うという風土を醸成していくことが重要である。あくまで想像だが，競合する大学が発表していたら，案外すんなり認められる気もする。特定の私立大学だけでなく，ある意味スクラムを組んで私立大学の入試研究を進めることが必要かもしれない。

第６節　まとめ

本章は，私立大学におけるアドミッションセンターをタイトルとして執筆しはじめた。第1章で扱われている国公立大学のアドミッションセンターに関する報告をみるにつれ，国公立大学とは全く違うというのが改めての感想である。アドミッションセンターの設立経緯，その後のAO入試から総合型選抜への流れ，そして，そのために配置された研究職ポストの偏在が，現在の大学入試研究のほとんどが国公立大学によってなされている要因であろう。

しかし，大学入試というハイステークスな試験を公平・公正に実施すること，各大学・学部が自ら掲げるアドミッション・ポリシーに沿った学生に入学してもらうという目的は国公立大学でも私立大学でも変わらない。大げさかも知れないが，入試研究を行うことは，学生の大学選択や学部選択のミスマッチを減らすことにつながる。より良い，より適切な，より受験生のことを考えた大学入試を実施するという目的のためにも，さらに入試研究を進めるべきである。

最後に，私立大学に身を置く筆者としては，第4節，第5節で述べた意義と課題を念頭に，私立大学であるからこそ大学入試研究が必要であるということを改めて主張をしたい。

文　献

水本 篤・脇田 貴文・名部井 敏代（2017）．関西大学英語入試問題データの分析――テスト理論の活用を目指して――　データ分析の理論と応用, *6*, 21-29.

脇田 貴文・北原 聡・小泉 良幸・井村 誠・中田 隆（2017）．大学入学者選抜における調査書活用に向けた課題――記載ルールの必要性――　大学入試研究ジャーナル, 33-39.

私立大学における入試研究の課題

福島　真司

◆◇◆

第１節　はじめに

平成３年（1991年）３月に創刊された『大学入試研究ジャーナル』は，令和５年（2023年）３月までの間に33号を発行するに至っている。この期間の中で，研究誌としての１つの転機は，平成19年（2007年）３月発刊第17号ではないだろうか。それまで当該誌の編集者は「国立大学入学者選抜研究連絡協議会大学入試研究ジャーナル編集委員会」であり，発行者は「国立大学入学者選抜研究連絡協議会」であったところ，平成18年度（2006年度）発行の第17号からは，編集者は「全国大学入学者選抜研究連絡協議会企画委員会編集専門委員会」となり，発行者は「独立行政法人大学入試センター管理部情報課[1]」に変更となった。すなわち，当該誌は，この年度から，国立大学の入学者選抜研究を主たるテーマとして扱っていたところから，全国国公私立大学の入学者選抜研究をテーマとして扱うことへと転換したわけである。

ところで，大学入試センターは，国立学校設置法の改正に伴い，昭和51年（1976年）５月に設置された。昭和54年（1979年）１月には第１回共通一次学力試験が実施され，その後，平成２年（1990年）１月にはこの試験をリニューアルし，第１回大学入試センター試験が実施された。大学入試センター試験には，それまでとは異なり，国公立大学だけではなく私立大学も参加するようになった。平成13年（2001年）４月に大学入試センターは独立行

1　発行者名のうちの部署名に当たる「管理部情報課」は，大学入試センター内での当時の担当課である。17号以降では，22号からは「総務企画部総務課」，29号からは「総務企画部入試研究推進課」，31号からは「試験企画部試験企画課」が担当課となり，それらの課が発行者となっている。

政法人となり，平成18年（2006年）年４月から第２期中期目標・中期計画が始まることとなるが，このような流れ[2]と，当該研究誌の方針の転換は無縁ではないだろう。

『大学入試研究ジャーナル』創刊号には10本の論文が掲載されている。第１著者の所属機関は，国立大学が８名（80.0%），大学入試センターが２名（20.0%）であった。10本の論文には共著論文も５本含まれるため，総著者数は15名であるが，その内訳は，国立大学12名（80.0%），大学入試センター３名（20.0%）であり[3]，奇しくも第１著者とまったく同様の割合であった。ここに私立大学の研究者は１人も含まれていない。編集者が「全国大学入学者選抜研究連絡協議会企画委員会編集専門委員会」に変わった平成19年（2007年）発行第17号では，33本の掲載論文のうち，第１著者の所属機関は，国立大学が23名（69.7%），大学入試センターが６名（18.2%），公立大学と私立大学がそれぞれ２名（6.1%）ずつであった。全掲載論文中，共著論文が20本含まれ，総著者数は75名であるが，その内訳は，国立大学53名（70.7%），大学入試センター13名（17.3%），公立大学と私立大学はそれぞれ４名（5.3%）ずつ，その他機関[4] １名（1.3%）という構成となっており，創刊号よりは多様な機関に所属する筆者が執筆しているが，国立大学と大学入試センターを合わせて87.9%とほとんどの割合を占めることはあまり変わっていない。これ以前の年までの経緯を考えると，この傾向は当然であるかも知れないが，国立大学入学者選抜研究連絡協議会を全国大学入学者選抜研究連絡協議会に衣替えしただけでは，公立大学や私立大学の入試研究が急に活性化され，投稿が急増するわけではないことを如実に示しているし，加えて，公立大学や私立大学の入試研究者からのニーズが高まったために，全国大学入学者選抜研究連絡協議会に改組したわけではないことも示しているのではないか。このままの状態が継続することは，大学入試研究が，ある種いびつな

2　これらの沿革は，大学入試センターHP「大学入試センターのあゆみ」（https://www.dnc.ac.jp/about/enkaku/ayumi.html）から引用してまとめた。

3　当該誌の掲載論文の著者の所属機関は，全て論文発表当時のものである。ただし，筆者は創刊号を保有していないため，国立国会図書館デジタルコレクション「大学入試研究ジャーナル１」に加え，大学入試センター（1991）や，researchmap「研究者検索」，科学研究費助成事業データベース等を参考にして調査した結果であり，正確性には限界があることをお断りしておく。

4　この号では，「その他機関」は高校教諭であった。

表5－1．2022年度入試における全国大学の志願者数と入学者数

	学校数	全大学に占める割合	志願者（延べ）（人）	延べ志願者割合	入学者（人）	入学者割合
国立大学	86	10.6%	352,330	8.1%	98,471	15.5%
公立大学	101	12.5%	158,478	3.6%	34,679	5.5%
私立大学	623	76.9%	3,841,157	88.3%	502,006	79.0%
合計	810	100.0%	4,351,965	100.0%	635,156	100.0%

構造を抱えていると言えなくもないだろう。

表5－1は，令和4年度（2022年度）入試における設置形態別の全国大学の志願者数と入学者数を示したものである[5]。

これを見ると，全国の大学数810のうち，国立大学は86校（10.6%），公立大学は101校（12.5%），私立大学は623校（76.9%）であり，私立大学の学校数が最も多いことがわかる。また，全国大学の学部入学者数635,156人のうち，国立大学は98,471人（15.5%），公立大学は34,679人（5.5%），私立大学は502,006人（79.0%）であり，加えて，全国大学の学部志願者数4,351,965人のうち，国立大学は352,330人（8.1%），公立大学は158,478人（3.6%），私立大学は3,841,157人（88.3%）となっている。志願者数については，この数値は延べ数であるため，受験回数の制限がある国立大学や公立大学に比較して，制度上は制限のほぼ存在しない私立大学では，入学者数よりもその割合の差が大きくなることは当然ではあるが，この状況と，大学入試研究の状況を重ね合わせると，大学入試研究の課題が浮き彫りになるのではないか。

本稿は，大学入試研究のこれまでの展開を，『大学入試研究ジャーナル』や『日本テスト学会誌』等に掲載された論文の著者に焦点を当て，併せて全国大学入学者選抜研究連絡協議会での発表内容の分類等を加えて分析することで，大学入試研究における私立大学の位置づけを考察し，今後の私立大学の入試研究がいかにあるべきなのかの提言を目的とする。

5　文部科学省「令和4年度学校基本調査」をもとに作表した。

第２節　これまでの大学入試研究における私立大学の位置づけ

1.『大学入試研究ジャーナル』に見られる私立大学

1.1. 第１執筆者の所属機関と論文のテーマ

これまでの大学入試研究における私立大学に位置づけを考える上で，『大学入試研究ジャーナル』に掲載されている論文の第１著者の割合を，所属機関別（「国立大学」「公立大学」「私立大学」「大学入試センター」「その他機関[6]」）に分け，近年の13年間の推移を検討することとした。この期間とした理由は，大学入試センターウェブサイト「大学入試関連アーカイブ」で論文が閲覧可能であり，論文発表当時の著者の所属機関や論文の内容がウェブサイトを見れば誰でも確認できることを条件としたためである。第20号以前については，当該ウェブサイト[7]に「作成時には想定していなかったため，投稿論文をウェブサイトへ掲載することの手続きを行っておらず，一部の論文が掲載できておりません」との記載があるように，上記の条件が満たされないものもあるため，今回の調査からは除外した。また，各号に掲載されている論文のうち，私立大学を中心的なテーマとした論文の割合についても，13年間の推移を調査している。これらの結果を，表５-２，図５-１として表す。

表５-２と図５-１を併せ見ると，まず，第１著者の割合は，国立大学が一貫して突出した割合であることが分かる。本稿の「第１節　はじめに」で述べたが，編集者が「全国大学入学者選抜研究連絡協議会企画委員会編集専門委員会」に変わった平成19年（2007年）発行第17号では，33本の掲載論文のうち，第１著者の所属機関は，国立大学が23本（69.7%），大学入試センターが６本（18.2%），公立大学と私立大学がそれぞれ２本（6.1%）ずつであった。このことと，表５-２，図５-１で最も古いデータである平成23年（2011年）を比較すると，第１著者が国立大学所属の者である割合は78.8%

6　「その他機関」は，文部科学省・国立教育政策研究所・国立情報学研究所等の公的機関，高等学校や特別支援学校，企業やNPO，専門学校や海外大学である。

7　大学入試センターHP「No.20以前に投稿された方へ」（https://www.sakura.dnc.ac.jp/archivesite/research/dncjournal/2056/）では，20号以前に論文が掲載された者に対し，論文掲載の許諾の連絡を求めている。

表5-2．『大学入試研究ジャーナル』掲載論文中
第1著者の所属機関の割合と私立大学を中心的なテーマとした論文の割合

号数	21	22	23	24	25	26	27	28	29	30	31	32	33
発行年	2011	2012	2013	2014	2015	2016	2017	2018	2019	2020	2021	2022	2023
総論文数（本）	33	44	32	33	25	27	26	39	46	40	58	45	51
国立大学	78.8%	63.6%	75.0%	69.7%	64.0%	70.4%	80.8%	84.6%	80.4%	72.5%	81.0%	80.0%	72.5%
公立大学	0.0%	2.3%	3.1%	3.0%	0.0%	3.7%	3.8%	5.1%	2.2%	7.5%	3.4%	6.7%	7.8%
私立大学	12.1%	11.4%	3.1%	3.0%	0.0%	11.1%	11.5%	5.1%	13.0%	10.0%	12.1%	8.9%	9.8%
大学入試センター	9.1%	20.5%	15.6%	18.2%	28.0%	14.8%	0.0%	2.6%	0.0%	5.0%	0.0%	2.2%	9.8%
その他機関	0.0%	2.3%	3.1%	6.1%	8.0%	0.0%	3.8%	2.6%	4.3%	5.0%	3.4%	2.2%	0.0%
私立大学等を中心的テーマにした論文	6.1%	4.5%	3.1%	3.0%	0.0%	11.1%	11.5%	5.1%	8.7%	7.5%	10.3%	6.7%	7.8%

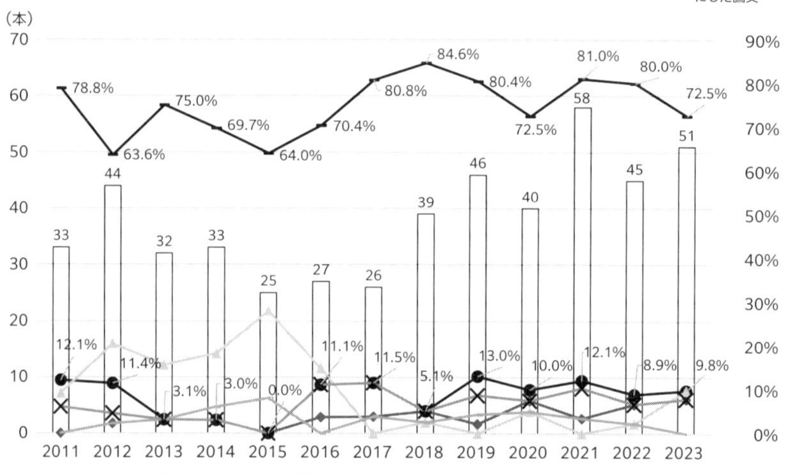

図5-1．『大学入試研究ジャーナル』掲載論文中
第1著者の所属機関の割合と私立大学を中心的なテーマとした論文の割合

と約10ポイント増加していることがわかる。その後の12年間では，平成24年（2012年）が63.6%，平成27年（2015年）が64.0%と，13年間中この2年のみが平成19年（2007年）の69.7%より小さい割合であるが，13年間の平均では約75%と，国立大学を第1著者とする論文の割合は一貫して大変大きな割合である。

一方で，第１著者が私立大学の割合は，平成23年（2011年）は12.1%，平成24年（2012年）は11.4%と，平成19年（2007年）時点よりも大きい割合であるが，その後の平成25年（2013年）から平成27年（2015年）までの３年間は，それぞれ3.1%，3.0%，0.0%といずれも５%を下回る。ただし，その後は再び10%を超え，平成30年（2018年）の5.1%を除き，ほぼ10%程度を維持しており，平成19年（2007年）時点から微増していることがわかる。

ところで，図５－１の国立大学の割合と，私立大学の割合の線グラフの形状を見ると，この両者は相反しているわけではなく，類似した動きをしているように見える。これに対し，第１著者が大学入試センター所属である割合のグラフの形状は，国立大学の割合とは相反しているように見える。すなわち，国立大学の割合が上がれば，大学入試センターの割合が下がり，その逆も同様である。両者が競合関係にあるとも見えるこのグラフの動きは，創刊以来特に平成28年（2016年）までは，この両者が『大学入試研究ジャーナル』に掲載されている論文の中心的な存在であり続けていたことと関係していると考えられる。ただし，平成29年（2017年）以降，大学入試センターは第１執筆者の割合を急減させ，直近である令和５年（2023年）の9.8%を除き，５%を超えることがなく，ほとんどの年で，私立大学，公立大学より小さい割合となっている。

1.2. 私立大学所属の第１執筆者が少ない理由

ここで，第１著者が私立大学所属である割合と，全論文中で私立大学を中心的なテーマとしている論文の割合を比較すると，表５－２，図５－１の13年間では，同一の割合である年が６年間であり，その他の７年間は，私立大学を中心的なテーマとしている論文の割合の方が小さい。国立大学に所属する執筆者は，自学の入試をテーマに執筆している割合が高いことに比較して，私立大学に所属する執筆者は，自学あるいは私立大学をテーマに執筆したのではなく，それ以外のテーマについて執筆していることがこの結果に繋がっている。その場合の具体的なテーマは，国公私立を含めた大学全体の入試や，大学の設置形態にかかわらず特定の学問系統の学部等について広く論じたものや，その他には，大学入試やそれに関係する高等教育政策が高等学校へ与えた影響を論じたもの等である。

この理由として，1つには，私立大学に所属している執筆者は，そのバックグラウンドがいくつかのケースに分かれるが，大学入試センターに所属した後に私立大学に転出したケースでは，大学入試センター所属の研究者と継続したテーマで研究している場合がある。また，国立大学において入試研究を行い，退職後，私立大学に転出したケースもある。この場合も，以前所属していた国立大学の研究者と共同で以前の所属機関をテーマに扱うケースがある。その他のケースとしては，私立大学の学部に所属しており，入試関連の委員などの業務に就いたため，入試研究が専門分野ではないが，自学の入試をテーマとして研究を行ったというケースである。いずれにしても，私立大学において入試を中心的な研究テーマとしている者は，国立大学に比較して極めて少ない。これは，国立大学とは異なり，私立大学では，アドミッションセンター等の入試に関する専門部署に，専任教員が配置されていないことが最も大きな要因だと考えられる。また，そのことと関連して，入試データを含む自学のIRデータを研究テーマとして扱うことが学内のルール上できない私立大学もあれば，ルールが検討されたことがなく，研究対象とすることの可否自体が不明の大学もある。これには，設置形態を問わず，大学内で，入試データにアクセスできる者自体が限られることも無関係ではないだろう。

加えて，国立大学においても，大学入試を専門とする研究者がアドミッションセンター等に配置されている場合には，研究科や学部所属教員とは異なり，大学入試研究という専門分野を授業や論文指導で扱えないため，自分自身の持つ知見が学生に継承されず，いわゆる「教え子」として大学入試を専門とする研究者を育成できない環境にあることも遠因になっていると考えられる。これは大学入試センターに学生がいないこととも通底するが，もともと国立大学以外にはほとんど存在しない，数少ない大学入試を専門とする研究者が，大学入試センターや国立大学のアドミッションセンター等に配属され，その後退職を迎えれば，学生に専門性の継承ができないまま，キャリアを終えることになる。一方で，大学入試に関する研究を，専門的に学ぶことができる研究科，学部があったとして，それが現在の学生募集マーケットで志願者を確保できるのかと言えば，これは筆者個人の考えでしかないが，困難であろう。「大学入試に関する研究は学んでみると面白い」という言説があれば，筆者も賛同する。しかしながら，この言説は，ほとんどの学問に当てはまる。どの専門分野であれ，同じ言説で学生募集マーケットに訴えているわけである。研究科や学部を修了や卒業した後に，ある程度明解なキャリアが描けない場合，学生募集マーケットでは苦戦を強いられるため，これは高等教育全体に言える可能性があるが，大学入試センターや国立大学のアドミッションセンター等という限られた職場にしか出口がない，しかも，そのキャリアパスには実務家からの参入もあり，研究科や学部で学ぶことが優位性を保証するものではない場合，その研究科や学部が学生募集マーケットで活路を見出すことは難しい。

私立大学において，大学入試を専門とする研究者が構造的に存在しにくい場合，私立大学で入試研究が発展することは困難であり，そのことが，全国大学入学者選抜研究連絡協議会の発足後20年近く経過しても，私立大学において入試研究が広がらない大きな要因であることは間違いのないところではないか。

1.3. 総執筆者に占める各所属機関

それでは，次に，『大学入試研究ジャーナル』に掲載されている論文の総著者数に占める，所属機関ごとの著者の割合を，「国立大学」「公立大学」「私立大学」「大学入試センター」「その他機関」に分けて，近年の13年間の推移を表5－3，図5－2として表す。

表5－3と図5－2を併せ見ると，まず，所属機関ごとの著者の割合は，表5－2，図5－1と同様に，国立大学が一貫して最も高い割合であることが分かる。本稿の「第1節　はじめに」で述べたが，平成19年（2007年）発行第17号では，掲載論文33本の総著者数75名中，国立大学53名（70.7%），大学入試センター13名（17.3%），公立大学と私立大学はそれぞれ4名ずつ（5.3%），その他機関1名（1.3%）という構成であった。このことと，表5－3，図5－2中最も発行年の古い平成23年（2011年）を比較すると，国立大学所属の割合は77.9%と7.2ポイント増加している。ただし，その後の12年間では，平成24年（2012年）が58.8%，平成26年（2014年）が48.1%，平成27年（2015年）が47.8%，令和5年（2023年）が65.1%と，この4年については，平成19年（2007年）の70.7%より割合が小さく，特に，平成26年

表５－３．『大学入試研究ジャーナル』掲載論文中の総執筆者に占める所属機関ごとの著者の割合

号数	21	22	23	24	25	26	27	28	29	30	31	32	33
発行年	2011	2012	2013	2014	2015	2016	2017	2018	2019	2020	2021	2022	2023
総著者数(名)	86	114	83	81	69	65	81	104	121	109	137	120	146
国立大学	77.9%	58.8%	71.1%	48.1%	47.8%	70.8%	74.1%	78.8%	82.6%	78.0%	88.3%	80.8%	65.1%
公立大学	1.2%	2.6%	1.2%	1.2%	0.0%	1.5%	4.9%	3.8%	1.7%	3.7%	2.9%	5.8%	8.2%
私立大学	5.8%	7.0%	8.4%	6.2%	2.9%	4.6%	16.0%	9.6%	9.9%	6.4%	8.8%	7.5%	10.3%
大学入試センター	9.3%	24.6%	14.5%	34.6%	40.6%	21.5%	0.0%	5.8%	0.0%	10.1%	0.0%	4.2%	15.1%
その他機関	5.8%	7.0%	4.8%	9.9%	8.7%	3.1%	4.9%	1.9%	5.8%	1.8%	1.5%	1.7%	1.4%

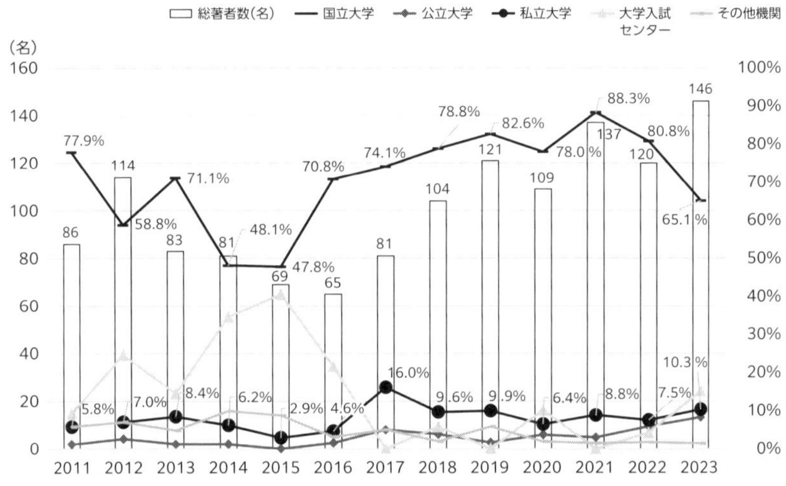

図５－２．『大学入試研究ジャーナル』掲載論文中の総執筆者に占める所属機関ごとの著者の割合

（2014年）と平成27年（2015年）は50％を割り込んでいる。しかしながら，表５－３，図５－２の13年間の平均は70.9％と，節目である平成19年（2007年）発行第17号とほとんど変わらない割合であるため，単純に増加傾向にあるとは言えない。

一方で，所属機関が私立大学の割合は，平成23年（2011年）は5.8％と，平成19年（2007年）発行第17号とほとんど割合は変わらないが，平成24年（2012年）は7.0％となり，平成27年（2015年）の2.9％，平成28年（2016年）

の4.6％を除き，微増している。特に，平成29年（2017年）は16.0％であり，この13年間において唯一10％を超え，最も高い割合となっている。しかしながら，表5－3，図5－2からは，私立大学の割合も，単純に増加傾向にあるとは読み取れない。

ところで，図5－2の国立大学の割合と，大学入試センターの割合の線グラフの形状は，図5－1と同様に相反しているように見える。すなわち，国立大学の割合が上がれば，大学入試センターの割合が下がり，その逆も同様であるが，大学入試センターは，特に，平成29年（2017年）以降，令和5年（2023年）を除き，10％を超えることがなく，ほとんどの年で，私立大学，公立大学よりも，小さい割合となっている。

以上のように，『大学入試研究ジャーナル』の執筆者と論文の内容に焦点を当て，大学入試研究における私立大学の位置づけを検討した結果，平成3年（1991年）創刊号では，まったく私立大学の執筆者がいなかったところ，編集者が全国大学入学者選抜研究連絡協議会に変わった平成19年（2007年）には私立大学執筆者が一定数現れることとなり，その後も微増しているようにも見えるが，創刊以来33年間を通してその割合は決して大きいとは言えず，私立大学の大学数が他の設置区分より多いという状況と比較すると，私立大学での入試研究は，論文数，執筆者数，論文のテーマともに，明確に少ない状況であることが言える。

2．『日本テスト学会誌』に見られる私立大学

2.1. 学会設立時の設立準備委員会等の所属機関

大学入試を扱う研究誌は，『大学入試研究ジャーナル』だけではない。ここでは，大学入試に関連する研究誌として日本テスト学会発行『日本テスト学会誌』を取り上げ，『大学入試研究ジャーナル』を対象とした考察と同様に，当該誌に掲載されている論文の執筆者に焦点を当てて，私立大学の状況を検討する。ただし，当該誌は，『大学入試研究ジャーナル』とはテーマの性質が異なり，大学入試だけを中心的に扱うのではなく，テスト自体の妥当性や信頼性，モデル開発，評価等をテーマとして主に扱っているため，国公立大学であれ，私立大学であれ，個別大学の事例，あるいは，当該設置形態の大学の全体状況をテーマに扱ったもの等は，『大学入試研究ジャーナル』

より少ない。そのため，本節では，論文のテーマが私立大学を中心的に扱ったものかどうかについては，検討しない。一方で，当該学会のウェブサイトには，学会設立時の設立準備委員会や設立発起人のメンバーが公開されているため[8]，それらのメンバーの所属機関を，検討に加える。

日本テスト学会は，公式ウェブサイトの「日本テスト学会について[9]」によると，「現時代に即応したテスト技術に関する研究者を育成し，科学的基礎と教育的理念に裏付けられた新しいテスト法の考え方と評価技術の研究開発・実用化，産官学を交えた共同のインフラ作りと社会的コンセンサスの構築，国内外の評価技術関連情報の収集・提供」を目的としている。当該学会は平成15年（2003年）の設立から約20年を迎えるが，学会の目的に「産官学を交えた共同のインフラ作り」と謳っているように，当該学会の設立発起人や設立準備委員会のメンバーには，多様な所属機関の者が含まれている。その構成を，表５-４として掲げる。なお，所属機関は，当時のものである。

まず，設立準備委員会22名のうち，所属機関が国立大学である者は８名（36.4%）で最も多い割合であるが，同数で企業・NPOが並び，この両者で70%を超える。それ以降は，私立大学が４名（18.2%），大学入試センターとその他機関[10]がそれぞれ１名（4.5%）である。なお，公立大学所属の者は設立準備委員会には入っていない。

次に，設立発起人を見ると，所属機関が国立大学の者が30名（28.8%）と

表５-４．大学入試学会の設立準備委員会委員及び設立発起人の所属機関

所属機関	設立準備委員会（名）	構成割合	設立発起人（名）	構成割合
国立大学	8	36.4%	30	28.8%
公立大学	0	0.0%	1	1.0%
私立大学	4	18.2%	30	28.8%
大学入試センター	1	4.5%	7	6.7%
省庁，公的機関	0	0.0%	15	14.4%
企業・NPO	8	36.4%	12	11.5%
その他機関	1	4.5%	9	8.7%
合計	22	100.0%	104	100.0%

8　日本テスト学会HP「設立趣意書」 https://www.jartest.jp/purpose.html
9　「日本テスト学会について」 http://www.jartest/index.html
10　「その他機関」は，財団法人，高等専門学校，専門学校や予備校等の各種学校，病院である。

最も多い割合であるが，同数で私立大学が並んでいる。それ以降では，設立準備委員会にはいなかった省庁・公的機関が15名（14.4%）であり，企業・NPO が12名（11.5%）と続き，ここまでが10%を超えている。その後，その他機関が 9 名（8.7%），大学入試センター 7 名（6.7%）と続き，これも設立準備委員会にはいなかった公立大学所属の者も 1 名（1.0%）入っている。この両者を見るだけでも，日本テスト学会は，産官学を含む，多様なメンバーに支えられて発足した様子が窺える。

2.2. 第 1 執筆者の所属機関

ここでは，『日本テスト学会誌』に掲載されている論文の第 1 執筆者の所属機関を検討する。『日本テスト学会誌』は，平成17年（2005年）に創刊したのち，令和 5 年（2023年）までに，第19号までを発行している。当該学会 HP には，全号について，掲載論文のタイトル，著者とその所属機関（当時），論文要旨が掲載されているため，全19号分について，第 1 著者の所属機関の割合の推移を，表 5 - 5，図 5 - 3 に表す。なお，『日本テスト学会誌』に掲載された論文数は『大学入試研究ジャーナル』より少ない。最も少ないのは平成28年（2016年）発行の12号で 4 本，最も多いのは平成19年（2007年）及び平成20年（2008年）の13本であるため，執筆者の所属機関が数名変わっただけでも割合に大きな変化があり，図を見ただけでは，『大学入試研究ジャーナル』よりも傾向が掴みにくいことをお断りしておく。

表 5 - 5 と図 5 - 3 を併せ見ると，まず，第 1 号の第 1 著者の割合は，その他機関が54.5%と，最も大きいことが分かる。なお，この号において，その他機関が第 1 著者である論文数は，企業が 2 本，海外大学が 1 本，高専が 1 本，高等学校が 1 本，国立教育政策研究所が 1 本である。その他機関の次には，国立大学，私立大学が同数の18.2%，大学入センターが9.1%と続き，創刊当初の『大学入試研究ジャーナル』と比較すると，多様な所属機関の執筆者の論文が掲載されていることがわかる。ただし，第 3 号からは，国立大学が最も大きい割合となり，平成28年（2016年）発行の第12号を除き，第19号まで一貫して国立大学が最も多い割合を占め，その割合は上下を繰り返しつつ，上昇しているように見える。一方で，第 1 号において，国立大学と同数であった私立大学は，国立大学同様に割合の上下を描きながら，平成27年

表5-5．『日本テスト学会誌』掲載論文の第1著者の所属機関の割合

号数	1	2	3	4	5	6	7	8	9	10	11	12	13	14	15	16	17	18	19
発行年	2005	2006	2007	2008	2009	2010	2011	2012	2013	2014	2015	2016	2017	2018	2019	2020	2021	2022	2023
総論文数（本）	11	9	13	13	12	10	9	10	12	11	9	4	5	5	9	6	11	6	11
国立大学	18.2%	22.2%	38.5%	46.2%	50.0%	40.0%	66.7%	50.0%	25.0%	54.5%	33.3%	25.0%	80.0%	40.0%	77.8%	50.0%	81.8%	50.0%	36.4%
公立大学	0.0%	0.0%	0.0%	0.0%	0.0%	0.0%	0.0%	0.0%	0.0%	0.0%	11.1%	0.0%	0.0%	0.0%	0.0%	0.0%	0.0%	0.0%	0.0%
私立大学	18.2%	22.2%	23.1%	15.4%	8.3%	10.0%	22.2%	30.0%	25.0%	9.1%	33.3%	0.0%	0.0%	20.0%	11.1%	0.0%	18.2%	16.7%	18.2%
大学入試センター	9.1%	22.2%	15.4%	23.1%	0.0%	20.0%	11.1%	10.0%	16.7%	18.2%	11.1%	0.0%	0.0%	40.0%	11.1%	50.0%	0.0%	16.7%	18.2%
その他機関	54.5%	33.3%	23.1%	15.4%	41.7%	30.0%	0.0%	10.0%	33.3%	9.1%	11.1%	75.0%	20.0%	0.0%	0.0%	0.0%	0.0%	16.7%	27.3%

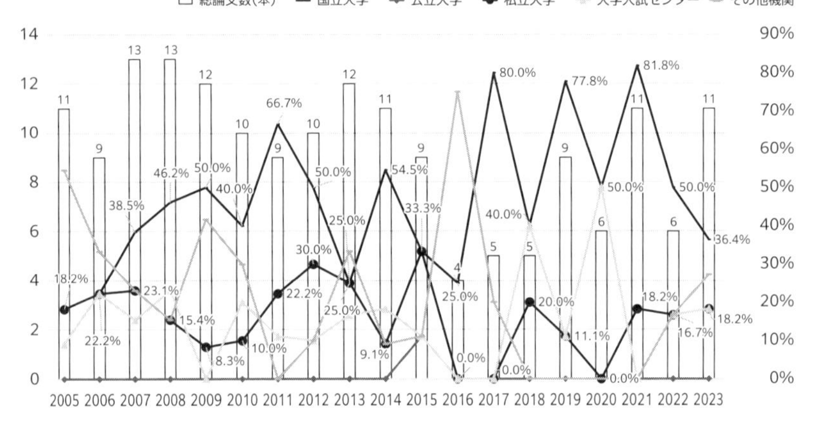

図5-3．『日本テスト学会誌』掲載論文の第1著者の所属機関の割合

（2015年）発行の第11号で33.3％と最も大きな割合になるが，その後，平成28年（2016年），平成29年（2017年），令和２年（2020年）には第１執筆者がいなくなり，令和３年（2021年）以降ここ３年間では15％強という状況である。

その他機関は，第１号に続き，第２号でも33.3％と最も大きい割合を占めたが，平成25年（2013年）に33.3％，平成28年（2016年）に75.0％と，この２年のみ国立大学の割合を上回ったが，その後は多くの年で国立大学よりも小さい割合に留まることとなっている。また，大学入試センターは，平成21年（2009年），平成28年（2016年），平成29年（2017年），令和３年（2021年）の４年において0.0％であったが，それ以外の年では，コンスタントに一定

の割合の第１執筆者がおり，特に，平成30年(2018年)，令和２年(2020年)には，それぞれ40.0%，50.0%と，国立大学と同数で，最も多い割合であった。

『大学入試研究ジャーナル』の第１執筆者と比較すると，『日本テスト学会誌』の第１執筆者に占める私立大学所属の者の割合は多いように感じられるが，この理由には，『日本テスト学会誌』の方が研究テーマの幅が広く，大学入試研究以外のテーマでも掲載が可能であることが考えられるし，加えて，当該誌の掲載論文数が少ないことも考え併せると，結局のところ，大学入試研究が私立大学で活発であることの証左にはならないであろう。

2.3. 総執筆者に占める各所属機関

次に，『日本テスト学会誌』に掲載されている論文の総著者数に占める，所属機関ごとの著者の割合の19年間の推移を，表５－６，図５－４として表す。

表５－６と図５－４を併せ見ると，まず，第１号の総著者33名中では，その他機関が30.3%と，最も大きい割合であることが分かる。その他機関の内訳は，企業４名，海外大学２名，高専１名，高等学校１名，国立教育政策研究所１名，財団法人１名である。次に，国立大学と私立大学が同数の27.3%，大学入センターが12.1%，公立大学が3.0%と続き，創刊当初の『大学入試研究ジャーナル』と比較すると，時代が異なることも理由として考えられるが，多様な所属機関の執筆者であることがわかる。ただし，その翌年発行の第２号までは，第１号と同様にその他機関が最も大きい割合であったが，第３号からは，国立大学が最も高い割合となり，平成28年（2016年）発行の第12号，令和２年（2020年）発行の第16号を除き，第19号まで一貫して国立大学が最も大きい割合を占めている。国立大学は，割合の上下を繰り返しながらも，上昇傾向にあり，これは，第１執筆者の割合と同様の傾向である。第１号，第２号で，最も多い割合であったその他機関は，平成28年（2016年）発行の第12号において57.1%と，再び最も大きい割合になるなど，平成20年（2008年）発行第４号，平成24年（2012年）発行第８号，平成30年（2018年）発行第14号，令和２年（2020年）発行第16号の４年間を除いて，毎号10%以上の割合を継続している。

私立大学は，第１号においては27.3%と２番目に大きい割合であり，その後も，平成27年（2015年）発行の第11号までは，10%から30%の割合で推移

表５-６．『日本テスト学会誌』掲載論文中の総執筆者に占める
所属機関ごとの著者の割合

号数	1	2	3	4	5	6	7	8	9	10	11	12	13	14	15	16	17	18	19
発行年	2005	2006	2007	2008	2009	2010	2011	2012	2013	2014	2015	2016	2017	2018	2019	2020	2021	2022	2023
総著者数（名）	33	31	40	33	19	19	20	23	28	16	24	7	10	12	20	15	22	13	34
国立大学	27.3%	16.1%	45.0%	39.4%	42.1%	47.4%	50.0%	47.8%	35.7%	56.3%	54.2%	42.9%	60.0%	50.0%	70.0%	46.7%	68.2%	30.8%	55.9%
公立大学	3.0%	0.0%	0.0%	0.0%	0.0%	0.0%	0.0%	0.0%	0.0%	0.0%	4.2%	0.0%	0.0%	0.0%	0.0%	0.0%	0.0%	0.0%	0.0%
私立大学	27.3%	16.1%	15.0%	21.2%	26.3%	15.8%	20.0%	30.4%	10.7%	12.5%	20.8%	0.0%	10.0%	16.7%	15.0%	0.0%	13.6%	30.8%	11.8%
大学入試センター	12.1%	32.3%	10.0%	30.3%	5.3%	15.8%	10.0%	17.4%	17.9%	18.8%	4.2%	0.0%	0.0%	33.3%	5.0%	53.3%	0.0%	15.4%	14.7%
その他機関	30.3%	35.5%	30.0%	9.1%	26.3%	21.1%	20.0%	4.3%	35.7%	12.5%	16.7%	57.1%	30.0%	0.0%	10.0%	0.0%	18.2%	23.1%	17.6%

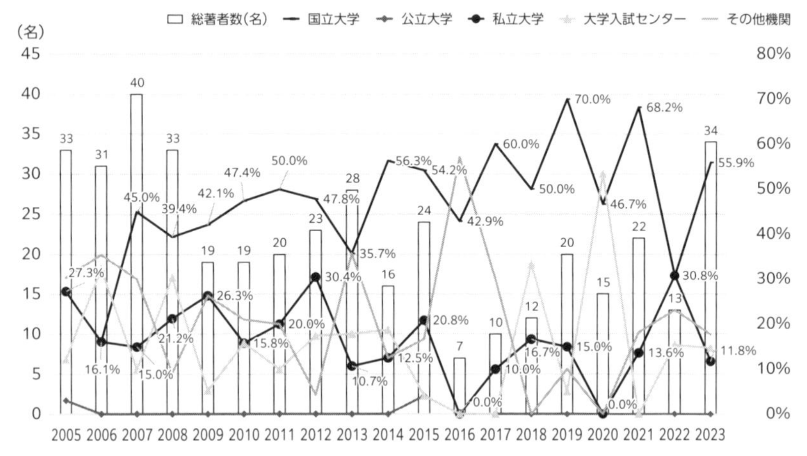

図５-４．『日本テスト学会誌』掲載論文中の総執筆者に占める
所属機関ごとの著者の割合

する。翌年度の第12号と，令和２年（2020年）発行の第16号では0.0％と筆者がいなくなるが，それ以外の年では，第11号までと同様に10％から30％の割合で推移している。

以上のように，『日本テスト学会誌』の執筆者等に焦点を当て，大学入試研究における私立大学の位置づけを検討した結果，当該誌と『大学入試研究ジャーナル』との性質の差異もあり，私立大学所属の執筆者が一定程度の割合を占めることが確認されたが，第１号の発行から19年間の推移からは，私

立大学の入試研究が活性になってきたと言えない状況であることがわかった。

◆◇◆

第３節　私立大学で入試研究が広がることの意義

1．私立大学の入試研究には意義はないのか

本稿の「第１節　はじめに」で掲げた表５－１について，ここで再び考察する。

表５－１を見ると，令和４年度（2022年）の時点で，私立大学の学校数は国立大学の7.2倍，公立大学の6.2倍である。また，令和４年度（2022年度）入試において，私立大学の志願者数は，国立大学の10.9倍であり，公立大学の24.2倍である。加えて，私立大学の入学者数は，国立大学の5.1倍であり，公立大学の14.5倍である。学校数や学生数等の量的なバランスを考えた場合，これまで見てきたような入試研究者の割合，及び，研究テーマにおいて，私立大学を対象とする研究の割合が小さいことは，入試研究の広がりや発展を考える上では，課題と言えるのではないか。私立大学の入試研究は，私立大学関係者にしか意義はないため，現在の入試研究の趨勢を占める国立大学関係者や大学入試センターの関係者には関心がなくて当然という考え方もあるかも知れない。だが，果たしてそうであろうか。

これについて，大学入試センターは，現在進行中である第５期「独立行政法人大学入試センターが達成すべき業務運営に関する目標（中期目標）」の「２　大学の入学者選抜方法の改善に関する調査研究」において，「特に，センターは，大学入学者選抜のナショナルセンターを目指して，高大接続や大学入学者選抜に関する時代の要請を的確に捉えながら，大学入学者選抜方法の改善に関する調査研究を実施する」と謳っている。この項目では５つの下位項目があるが，そこに「国立大学」の文字はない。「国立大学入学者選抜研究連絡協議会」が，その名前と運営主体を「全国大学入学者選抜研究連絡協議会」に変えたように，大学入試センターは，組織の目標として，全国の国公私立大学の高大接続や大学入学者選抜等をテーマにした調査研究を計画に掲げている。この姿勢は，2021年開催令和６年度全国大学入学者選抜研究連絡協議会大会（第19回）の全体会１において，「入学定員管理の厳格化の

影響――これまでとこれから――」をテーマをして取り上げたり，2024年開催令和６年度全国大学入学者選抜研究連絡協議会大会（第19回）の全体会２において，「見過ごされがちな高大接続課題：不本意入学，ミスマッチ入学，学力不足」をテーマにするなど，主に私立大学にとって関係や関心が深いであろうテーマを取り上げていることからも明確である。

それでは，国立大学関係者にとっては，どのようであろうか。筆者自身の経験を述べると，上述の令和６年度全国大学入学者選抜研究連絡協議会大会（第19回）の全体会１「入学定員管理の厳格化の影響――これまでとこれから――」において，筆者はコーディネーターを務めたが，実施後の参加者アンケート（非公開）の自由記述には，このようなテーマを入研協で取り上げる意義はあるのか，国立大学には無関係である，東京だけの問題である，このようなテーマを取り上げるのは予算の無駄ではないか，のような極めて辛辣な意見も少数であるが見られた。その後，当該テーマは大学入試センター理事長裁量経費の採択を受け，2021年度から３年間，大学入試センター１名（研究代表），私立大学２名（研究統括含む），国立大学２名，高等学校教諭２名，専門企業５名の計12名での共同研究プロジェクトとなるが，その中間的な調査結果においても，都市部の私立大学，高等学校にはもちろんのこと，地方部も含めた全国的な進学動向への影響や国公立大学の進学動向にも少なからず影響があったことを明らかにしつつあるが，もし，自分自身の現在の業務に関係がないだけで研究テーマとして意義がないと考えるのであれば，極言すれば，大学入試研究は，個別大学のケーススタディしか意義がないと言っているに等しい。さらに言えば，自分自身にとっては，自学の入試に関するデータを分析することにしか意義はなく，他大学にとっては意義がない研究成果を，ただただ研究者の業績づくりのために公表しているに過ぎなくなってしまう。その際，最低限自学と類似した大学を対象とした研究には，テーマによっては関心を持たないこともないが，自学との類似性が低くなるほど関心は薄くなるため，国立大学関係者にとって，私立大学の入試研究は何も意義を持たないこととなる。もし，この状況に入試研究が陥っているのであれば，国公立大学が私立大学程度に授業料を値上げせざるを得なくなり，いずれ大学進学率がじりじりと上昇し，一方で大学進学者総数は減少を迎えることとなり，国公立大学が多くの私立大学に類似した選抜性に近づく時代になれば，どのようであろうか。高等学校においては，「高等学校等就学支援金制度」による私立高等学校授業料の実質無償化の影響もあり，特に地方部において，進学校を含む伝統的な公立高が志願者を減少させ，いわゆる定員割れを起こすケースもある一方で，地域でのトップ進学校とは言えない私立校が志願者を増加させるといった現象も起こっている。このような状況が大学においてもすぐに起こるわけではないが，高等学校における現在の状況を，公立高はいつ頃から予想できていたのであろうか。

2．私立大学入試の現状と国公立大学入試の現状

日本私立学校振興・共済事業団（2023）は，2023年度入試において，私立大学において，入学定員充足率100％未満のいわゆる定員割れの大学が53.3％に及ぶことを公表している。私立大学全体の入学定員充足率は99.6％であるため，大学が立地する地域や大学の規模によって濃淡が起こっているわけであるが，図5－5は，2023年度入試における地域別の入学定員充足率と志願倍率を表したものである[11]。

これを見ると，三大都市圏のような都市部とそれ以外の地方部との差異が年々大きくなっていることがわかる。都市部は，私立大学の定員厳格化政策の影響が大きかった2018年度から2020年度入試までの志願倍率が高かったこともあり，2021年度以降，都市部においても志願倍率，入学定員充足率ともに低下傾向にある。志願倍率は延べ志願者をもとに算出されているため，実質倍率はこれよりも低い。私立大学では，主に都市部にあるいわゆる難関私

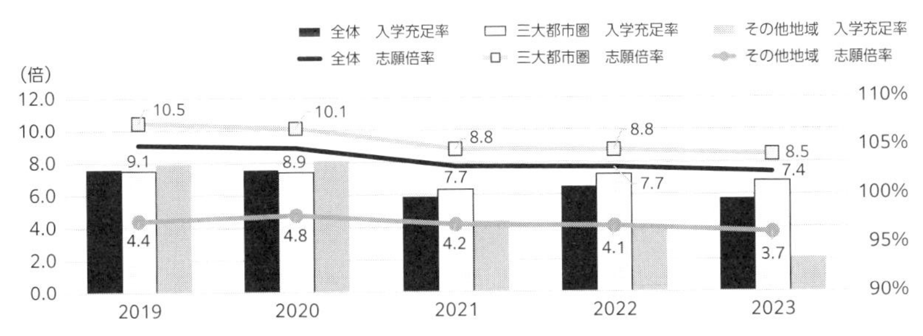

図5－5．2023年度入試における私立大学の志願倍率と入学定員充足率

11　日本私立学校振興・共済事業団（2023）をもとに作成した。

立大学とそれ以外では選抜性にも大きな差があるが，特に，選抜性の低い私立大学が多いことが国立大学とは事情が異なると考え，国立大学の入試研究者や関係者にとって，私立大学の入試研究が関心事とならない理由なのであろうか。

表5－7．2024年度国公立大学一般選抜における志願倍率1.0倍以下の選抜単位の数

設置区分	志願倍率	合計	前期日程	後期日程	中期・独自日程
国立大学	1.0倍	17	17	0	0
	1.0倍未満	23	23	0	0
公立大学	1.0倍	2	1	1	0
	1.0倍未満	7	4	1	2

表5－7は，国公立大学の2024年度の一般選抜において，志願倍率が1.0倍以下であった学部・学科・課程・コース等の選抜単位の数を示している[12]。

これを見ると，選抜性という観点では，国公立大学においても低い，すなわち，選抜が機能しにくくなっている選抜単位が一定数散見されることがわかる。

図5－6は，2022年度から2024年度の一般選抜において，学部・学科・課程・コース等の選抜単位ではなく，大学全体，入試区分全体（一般選抜前期日程，一般選抜後期日程，一般選抜中期日程・独自日程）で，志願倍率が2.0以下だった大学数の推移を表している。

これを見ると，詳述するまでもなく，国立大学，公立大学ともに，年々志

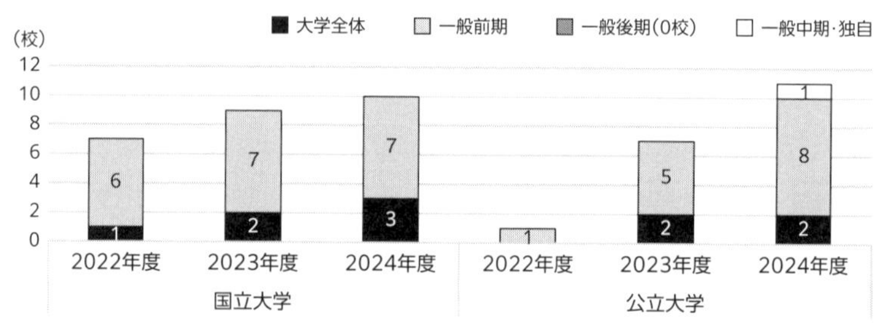

図5－6．国公立大学の一般選抜における志願倍率2.0倍以下の校数

12　代々木ゼミナールHP「国公立大学入試情報」に掲載されている個々の大学の出願結果からデータを収集し，作図した。なお，図5-6，図5-7も同様にして作図した。

表5－8．2024年度入試において欠員補充2次選抜を実施した国公立大学数及び選抜単位数

募集次	2次募集		3次募集	
設置単位	大学数	募集単位数	大学数	募集単位数
国立大学	8	19	0	0
公立大学	4	5	1	1

願倍率2.0倍以下の校数が増加していることがわかる。さらに言えば，これは志願倍率であるため，実質倍率はこれよりも低い。

国公立大学では，入学手続き者が募集人員を満たすことができなかった場合，欠員募集のための欠員補充2次選抜を実施することがある。2024年度入試において，この募集を行った大学数，及び，学部・学科・課程・コース等の選抜単位数をまとめたものが表5－8である[13]。

表5－8からは，2024年度入試では，国公立大学においても一定数の選抜単位において，欠員が出る状態，すなわち，いわゆる定員割れの状態が起こっていることがわかる。ただし，定員割れには，そもそもの志願者数が募集人員に満たないケースと，十分な志願者数はいたが，手続き辞退者数を低く見積もって合格者を出した結果，欠員を起こしたケースが考えられる。後者は，一般的な定員割れとはやや異なる状況である。そこで，志願倍率ではなく，実質倍率を検討することが重要である。

図5－7は，国公立大学の2022年度から2024年度入試において，学部・学科・課程・コース等の選抜単位ではなく，大学全体，入試区分全体（一般選抜全体，特別選抜全体）で，実質倍率が2.0以下だった大学数が，国立大学，公立大学のそれぞれの総大学数に占める割合の推移を表している。

図5－7を見ると，大学全体では，公立大学よりも国立大学に，実質倍率2.0倍以下の大学の割合が多いことがわかる。また，国公立大学ともに，その割合は上昇傾向にあることがわかるが，ただし，国立大学は，2024年度入試では，前年と比較してやや割合が低下した。

また，公立大学では一般選抜よりも特別選抜において，一方で，国立大学では特別選抜よりも一般選抜において，実質倍率2.0倍以下の大学の割合が

13　河合塾HPのKei-Net「2024年度国公立大 欠員補充2次募集実施大学」をもとに作表した。

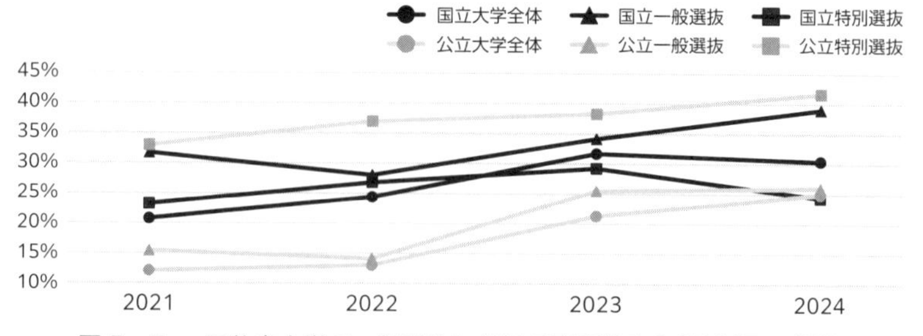

図５－７． 国公立大学の一般選抜における実質倍率2.0倍以下の校数

多いことがわかる。特別選抜の方が一般選抜よりも第１志望率が高いと考えれば，公立大学を特別選抜の出願時期までに第１志望としている者は，国立大学よりも，小さい割合であることが推察される。公立大学は，特別選抜，一般選抜ともに，年々割合を高めているが，国立大学は，一般選抜では同様の傾向が見られるが，特別選抜では2024年度入試において，この割合を約５ポイント下げている。国立大学においては，一般選抜において志願者を減らした一方で，特別選抜では志願者を増加させたわけであるが，両者の募集人員を勘案すれば，両者を合算した志願者数全体は，今後低下していくことが推察される。

以上のことから，国公立大学の入試の状況は，志願倍率，実質倍率を低下させた大学の割合が増加し，いわゆる定員割れの選抜単位も増加し，特に国立大学においては，一般選抜よりも特別選抜に志願者が集まりつつある傾向が看取された。これらの傾向は，正に，私立大学が先んじてたどってきた道ではないか。

３．全国大学入学者選抜研究連絡協議会での研究テーマ

全国大学入学者選抜研究連絡協議会の年次大会では，毎年度研究発表が行われているが，多数の発表者がいるため，複数のセッションに分かれて同時進行で研究発表を行う。それぞれのセッションにはテーマが設けられており，類似した研究テーマを持つ発表者が集まって発表を行う。すなわち，テーマごとの発表者数を見れば，その年度の研究のトレンドが分かる可能性がある。図５－８は，最近５年間の発表数全体に占める各テーマの研究発表数の割合を示したものである[14]。なお，図５－８のテーマの並び順は，左から，私立

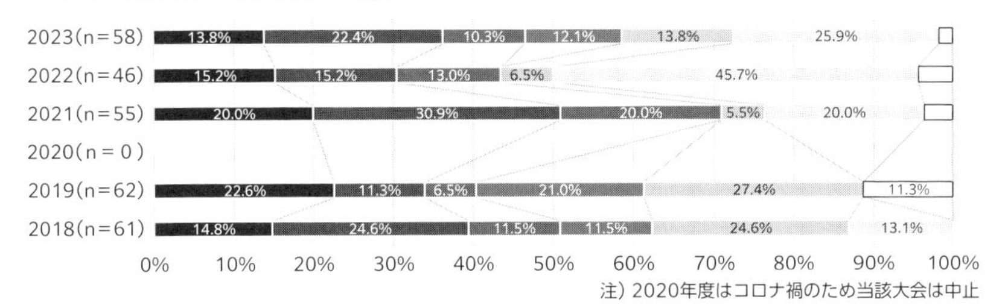

図5-8．全国大学入学者選抜研究連絡協議会の研究発表テーマの推移

大学の研究成果が公表されることで，国公立大学にも寄与する可能性が高いと考えられるものから順に並べたものである。

図5-8を見ると，「入試広報」「高大接続，高大連携，志願者動向」等のテーマについては，この5年間では「入試広報」は13.8%から22.6%，「高大接続，高大連携，志願者動向」は11.3%から30.9%の割合で取り上げられている。この両者は，合算すると約30%から50%を占めるメジャーなテーマである。高大接続や連携においては，総合的探究の時間を介したプログラムが，高校生と大学とのマッチング機能を果たすこともあり得る。高等学校のキャリア教育，進路学習等において，模擬授業や大学訪問等を通して大学が寄与することも含めて，これらのことは，大学の研究テーマや教員の持つポテンシャルを高校生のみならず，高等学校の教員にも直接的に伝える機会にもなっている。大学が高等学校との接続を通してともに人材育成に取り組むことで，大学と高等学校との信頼関係の構築に繋がる可能性が考えられる。

私立大学では，特に志願者獲得に苦戦し，その現状を打破しようとする大学においては，これらのことに取り組むことで，高等学校から高大接続や高大連携の積極的な要望を受ける立場にない中でも，高等学校との関係性を一つひとつ積み上げ，一つひとつ実践を積み重ねることで，その中から志願者

14　プログラムの都合で，毎年度セッションごとのテーマの括りが若干変わっている。これについては，経年比較を行うために，筆者が類似した括りを再グループ化した。また，プログラム進行と会場の都合と考えられるが，例年いくつかのセッションにおいて，テーマ性が異なる発表も見受けられる。それについては，筆者が発表原稿の内容を勘案して，再配置した。再配置においては筆者の主観で行ったことをお断りしておく。

に繋げるケースも生み出している。当然ながら，「高大接続・連携」＝「学生募集活動」ではないが，囲い込みのための手段としてではなく，よりよいマッチングを行うことが目的とすれば，国公私立大学ともに特別選抜により力点をおく必要性がある現状においては，受験生，高等学校教員，大学にとって，三方よしのモデルが構築されることもある得るだろう。

これは，かつてそういった志願者獲得に苦戦する私大や私立短大，やや苦戦する兆しがあった地方国立大学において，学生募集の責任者やそれに類似する立場にあった筆者の経験でしかないが，学生募集マーケットにおいて，いわゆる強者の立場にある大学と弱者の立場にある大学では，学生募集戦略やそれに伴う戦術は，まったく異なったものになる。一口に，例えば「模擬授業」「高校訪問」「大学訪問」等といっても，その立場によって，見えている風景はまったく異なっており，手法もその成否の評価方法も大きく異なる。強者の大学が成功事例として挙げる戦略や戦術は，弱者にとっては遙か何年も前に既に実践済の手法であったり，決して成果を上げているとは評価できない取り組みと考えられるものあるが，反対に，弱者の大学を成功に導く戦略や戦術には，強者が実践することで，よりレバレッジがかかるものも少なくない。要は，危機感が十分に醸成されていれば実施できることも，危機を感じていない，あるいは，強者というプライドが実施することを選ばせないだけで，強者のブランドイメージを毀損しない装いのもと，弱者が行うような，丁寧で，綿密で，決していわゆる「上から目線」ではない手法を実施することによって，強者の大学の成果につながるものは，繰り返しになるが，決して少なくない。何より日本の国公私立大学全ての入試関係者が考えないといけないことは，国際的な学生募集マーケットの中で強者と呼べる大学は，日本の国公私立大学においてどの程度あるのだろうかということだ。

図５－８の項目から抽出できる入試広報や，高大接続，高大連携だけではなく，志願者動向，追跡調査，入学前教育などは，国公私等設置形態を超えて知見を共有できるものであるし，これまで述べてきたように総合型選抜や学校推薦型選抜等のテーマも同様であろう。それに関係した多面的・総合的評価やパフォーマンス評価等のテーマも，今後より一層の知見の共有が必要になると考えられるテーマである。

4．私立大学の入試研究は誰にとってのものか

私立大学の入試研究が活性化されることのメリットは，それによって業績が確保できる私立大学の入試研究者にあるわけではない。そもそも私立大学に入試研究者は少ないため，それだけでは社会的なインパクトは極めて小さい。それよりも，前節でも触れたが，まず，国公立大学にとって，いわゆる弱者の戦略に関する実践的な手法やその結果の成否の状況を知見として得ることで，様々なテーマにおいて大きなヒントを得られる可能性が大きい。私立大学のみならず，長期にわたり学生募集マーケットで苦戦を強いられている私立短期大学の知見も含め，学生募集や高大接続，高大連携では，多様な取り組みが実践されてきており，トライ＆エラーの経験も含めケースの蓄積が数多く存在するし，そこにかける時間やコスト，戦略や戦術に対する評価の考え方も，それらの根拠として用いるデータも，国公立大学にとって，新たな知見になる可能性が大きい。もちろん全ての国公立大学にとって有益になるとは言えないが，私立大学がすでに迎えている状況と類似した状況にある国公立大学や，近い将来それを迎える予測ができる国公立大学にとっては，有益なものである可能性が高い。また，入試での選抜性の確保が難しくなることによって，入学生の質の転換を迎える大学にとっては，これも既にその経験を積んで来た私立大学や，現在その渦中にある私立大学は多数存在しており，それらの学生に対する入学前教育のあり方や学生支援のあり方，高等学校との連携のあり方，入学後の休退学防止の考え方や手法等についても，入試とシームレスで取り組む上では，有用な知見が存在すると考えられる。

では，私立大学側からすれば，国公立大学への一方的な知見の提供だけかと言えば，そうではない。まず，繰り返すように，私立大学に入試研究者が少ないため，私立大学同士の情報共有の場も限られている状況にある。入試課等の入試に関する部署の職員も，多くの者は定期的に異動するため，それらの職員には，入試に関する専門的で幅広い知見の獲得の場や，その継承のためには知見を共有する場が必要になる。筆者自身，そもそもは専門外であった入試研究を長期間継続できていることは，前身の国立大学入学者選抜研究連絡協議会から現在の全国大学入学者選抜研究連絡協議会や国立大学アドミッションセンター連絡会議に参加し，そこでのネットワーキングがあったからこそである。入試研究にとって豊穣な場が形成されることで，私立大

学の入試研究者の裾野が広がる可能性が生まれるし，入試研究者だけではなく，入試担当の職員にとっても，研鑽や情報交換の場が生まれる。筆者自身，過去に国立大学のアドミッションセンターに所属し，学生募集に責任のある立場を経験し，入試研究という場に長年関わることができたお陰で，私立大学においても，国公立大学を含めた大学の入試関係者や専門企業のアナリスト等との情報交換を常に続け，新たな知見を得るための努力を怠らない姿勢を続けられているし，入試に関わる事務処理を含めた手続きの正確性や，入試における公平性や選抜方法の妥当性等に，軸となる考え方を持つことができたし，どれほど受験者数が小さい入試区分であってもそれらをないがしろにすることは決してできないことを心底から理解している。私立大学の入試関係者にとっても，同じ私立大学の入試関係者のみならず，国公立大学の入試関係者，そして，入試研究者を交えた場に参加することは，極めて意義が深いことである。

こういった場の実現のためには，まず，現在の大学入試研究の趨勢を占める国立大学の入試研究者，大学入試センターの入試研究者，国公立大学の入試関係者に，私立大学の入試研究が全国大学入学者選抜研究連絡協議会の年次大会や大学入試学会はじめ関連の研究雑誌など，様々な場で共有されることが，国公立大学を含めた大学全体にとって，そして，高等学校の関係者にとっても有益であるという理解が進むことが大切である。

加えて，現在，入試研究が進んでいない，研究者不在の私立大学に対し，国立大学や大学入試センター等の入試研究者から，私立大学の入試研究に対して積極的にアプローチするということもあり得るであろう。入試データのようなセンシティブなデータを学外者が扱えるはずがないと考える向きが多いだろうが，そのやり方には工夫の余地が十分に存在している。例えば，筆者が所属する大正大学エンロールメント・マネジメント研究所では，共同研究の契約書を取り交わし，同時に秘密保持契約の締結や，個人情報を扱う研究者の人数制限の覚書を取り交わす等の双方が合意した手続きを踏まえた上で，さらに，必要に応じて，暗号化技術の活用やデータ分析環境の物理的な制限等も双方で取り決めることで，実際に他機関のデータを分析することもあれば，所属機関のデータを他機関の研究者とともに共同で分析することも行っている。研究結果については，非公表の場合もあれば，双方の合意によっては公表することもあり得る。その場合も，大学や学部名にマスクをする等の子細も協議の上で決定する。要は，どうすれば大学にとって有益な情報が得られるのか，そのための工夫である。一研究者の個人的な業績のための研究ではなく，それぞれの大学の教育研究の発展に資することを目的とした研究であり，さらに，それが双方の大学にとって有用な研究テーマであれば，実現の可能性は開かれる。

私立大学には入試研究者が少ないだけに，様々な取り組みに関する事例や，取り組みの受益者を対象としたアンケート調査等のデータが豊富にあっても，分析するまでには至っていない大学もあるため，共同で分析するというスキームは，研究者自身にとっても，データ分析まで手が回らない大学にとっても，具体的な成果に繋がる可能性が大きい。

第４節　おわりに

最後に，本稿の総括として，私立大学の入試研究が，高等教育全体への寄与にも繋がることを述べたい。

図５−９は，全国国公私立大学の偏差値ごとの文系学部等の数を表している。一方で，図５−10は，全国国公私立大学の偏差値ごとの理系学部等の数を表している[15]。

まず，図５−９と図５−10を読み取る際に，両者のスケールが異なることに

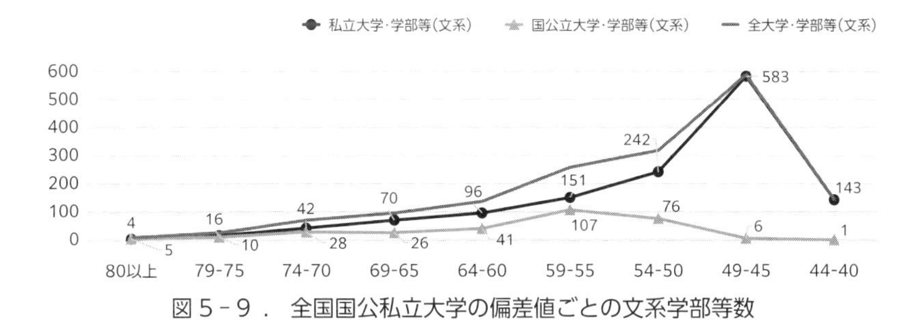

図５−９．全国国公私立大学の偏差値ごとの文系学部等数

15　図5−9，図5−10は，Benesseマナビジョン「2024年度入試対応　国公立大学・学部の偏差値一覧」及び「2024年度入試対応　私立大学・学部の偏差値一覧」のデータをもとに作図した。

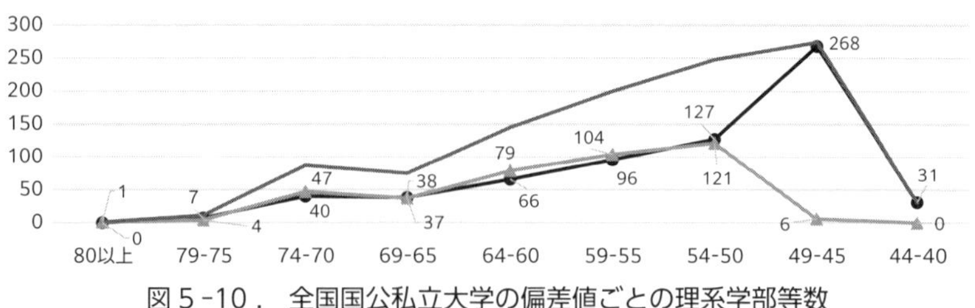

図５-10． 全国国公私立大学の偏差値ごとの理系学部等数

注意されたい。図５－９に用いた学部等数は，私立大学が1,347，国公立大学が300，合計1,647である。一方で，図５－10に用いた学部・学科等数は，私立大学が673，国公立大学が399，合計1,072である。私立大学は文系学部等が多く，国公立大学は理系学部等の方が多く，国公私立大学全体では，文系学部等の方が多い。この数値においても，量的に大きい私立大学が，大学全体の統計に影響を与えていることがわかる。

偏差値帯ごとの学部等数の傾向を見ると，文系学部等（図５－９）では，偏差値80以上から59–55までは，私立大学と国公立大学の学部等数はやや差がありつつも，同じような傾向にある。ところが，偏差値54–50以下では，国公立大学は59–55をピークに緩やかに右肩下がりになるところ，私立大学では49–45でピークを迎えるまで右肩上がりが続き，その後急減する。国公私立大学を合わせたピークは，49–45の偏差値帯であることがわかる。一方で，理系学部等（図５－10）では，偏差値80以上から54–50までは，私立大学と国公立大学の学部等数はほぼ同じような傾向で右肩上がりを続け，偏差値49–45以下では，国公立大学は54–50をピークに急減し，私立大学では49–45でピークを迎えるまで右肩上がりが続き，その後急減する。国公私立大学を合わせたピークは，やはり文系学部等同様に，49–45の偏差値帯であることがわかる。図５－９，図５－10の両図からは，文系では偏差値54–50が私立大学と国公立大学の学部数に差異ができるポイントとなっており，理系では偏差値49–45が両者の学部数に差異が出るポイントとなっていることが看取されるが，いずれにしても両者を合算したピークは49–45の偏差値帯である。

入試研究において，国立大学の入試研究のみが趨勢を占めることの問題は，偏差値帯の上でもボリュームゾーンに当たる層の研究が進まないところにある。国公立大学のピークである文系では偏差値59–55，理系では偏差値54–50，そして，私立大学の文系理系のピークである偏差値49–44の隣接した３つの偏差値帯の研究が進むことで，全国の日本の大学の全体像をより鮮明に描き出し，そのことが日本の大学全体にとって，教育研究の上で大きなインパクトを生み出す可能性がある。

筆者自身も，数少ない私立大学の入試研究に関わる者として，私立大学での入試研究が進むように微力ながら尽力すると同時に，国立大学に所属する入試研究者はじめ入試関係者，大学入試センターの研究者の皆様には伏して協力をお願いする次第である。そのことが必ず日本の大学全体へ寄与することと強く信じるところである。

文　献

ベネッセコーポレーション　2024年度入試対応　国公立大学・学部の偏差値一覧　Benesse マナビジョン　Retrieved from https://manabi.benesse.ne.jp/daigaku/hensachi/kokkoritsudai_index.html（2024年５月31日）

ベネッセコーポレーション　2024年度入試対応　私立大学・学部の偏差値一覧　Benesse マナビジョン　Retrieved from https://manabi.benesse.ne.jp/daigaku/hensachi/shiritsudai_index.html（2024年５月31日）

大学入試センター（1991）．国立大学入学者選抜研究連絡協議会の活動　大学入試フォーラム, *12*, 122–123

大学入試センター　大学入試センターのあゆみ　大学入試センター　Retrieved from https://www.dnc.ac.jp/about/enkaku/ayumi.html（2024年５月31日）

独立行政法人大学入試センター　大学入試関連アーカイブ　大学入試研究ジャーナル　Retrieved from https://www.sakura.dnc.ac.jp/archivesite/research/dncjournal/（2024年５月31日）

河合塾 Kei-Net　2024年度国公立大欠員補充２次募集実施大学　Retrieved from https://www.keinet.ne.jp/exam/2024/second/（2024年７月11日）

国立研究開発法人科学技術振興機構　researchmap　研究者検索　Retrieved from https://researchmap.jp/researchers（2024年５月31日）

国立国会図書館　大学入試ジャーナル１　国立国会図書館デジタルコレクション　Retrieved from https://dl.ndl.go.jp/pid/4428021/（2024年５月31日）

国立情報学研究所　科学研究費助成事業データベース　Retrieved from https://nrid.nii.ac.jp/ja/index/（2024年５月31日）

文部科学省（2022）．令和４年度学校基本調査

文部科学省（2019）．独立行政法人大学入試センターが達成すべき業務運営に関する目標（中期目標）　大学入試センター　Retrieved from https://www.dnc.ac.jp/albums/abm.php?d=156&f=abm00001603.pdf&n=%E7%AC%AC%EF%BC%95%E6%９C%９F%

E4%B8%AD%E6% 9 C% 9 F%E7% 9 B%AE%E6%A8%99.pdf
日本私立学校振興・共済事業団（2023）．令和５（2023）年度私立大学・短期大学等入学志願動向　日本私立学校振興・共済事業団　Retrieved from https://www.shigaku.go.jp/files/shigandoukouR5.pdf
日本テスト学会　設立趣意書　日本テスト学会　Retrieved from https://www.jartest.jp/purpose.html（2024年５月31日）
代々木ゼミナール　入試情報 国公立大学 出願結果 2024年度 集計表・分析 大学別志願者数 代々木ゼミナール　Retrieved from https://www.yozemi.ac.jp/nyushi/kokkouritu/data/daigakubetsu_2024.pdf（2024年５月31日）
代々木ゼミナール　入試情報 国公立大学 出願結果 2023年度 集計表・分析 大学別志願者数 代々木ゼミナール　Retrieved from https://www.yozemi.ac.jp/nyushi/kokkouritu/data/daigakubetsu_2023.pdf（2024年５月31日）
代々木ゼミナール　入試情報 国公立大学 出願結果 2022年度 集計表・分析 大学別志願者数 代々木ゼミナール　Retrieved from https://www.yozemi.ac.jp/nyushi/kokkouritu/data/daigakubetsu_2022.pdf（2024年５月31日）

アドミッションセンターへの期待

第6章

高等学校から見た高大連携と大学入試
――アドミッションセンターに望むこと――

齋藤　郁子

第１節　はじめに

筆者のこれまでの高校教員としての経験から，高等学校から大学のアドミッションセンターに望むことは，次の２点である。１つは「高大連携」を考えてほしい，もう１つは，「大学にとって必要な人材を獲得する入試」を設計してほしいということである。

「高等学校現場の一教員が，現場の教育をどう考えているか，大学にどうあってほしいか」といった「肌触り」を伝えることに意味があるのではないかと考えて，この原稿を書いている。学問的な裏付けのない私見であり，高校教員を代表する意見ではないし，全く違う意見をおもちの方もいると思うが，ご容赦いただきたい。

１．青森県立弘前中央高等学校

筆者は現在（令和５年度（2023年度）当時），青森県立弘前中央高等学校の校長である。本校は，明治33年（1900年），青森県で初めての高等女学校として開校が告示され，翌明治34年（1901年）４月，「青森県第一高等女学校」として開校した歴史と伝統のある高校である。校舎は，桜とお城で知られる弘前公園に面しており，生徒たちは，春の桜，夏の緑，秋の紅葉，冬の雪景色と四季折々の変化を肌で感じながら，弘前中央高校生であることに「誇り」と「自信」を持って高校生活を送っている。校舎の中心にある講堂は，昭和29年（1954年）に建築された，建築家前川國夫による建造物で，弘前市の歴史的建造物にも指定されており，集会や文化祭，部活動など，日常的に使用されている本校のシンボルである。

図6-1．弘前中央高校講堂

「自律・誠実・進取」の校訓のもと，生徒個々の知性と品性を育む指針に「文武両道」の理念を掲げ，生徒と教職員が一体となって，学習活動・部活動・生徒会活動・学校行事等に積極的に取り組んでいる。

生徒の多くは大学進学を目指して学習に励み，県内屈指の進学実績をあげている。部活動では，令和5年度（2023年度）は，なぎなた部，卓球部がインターハイに，自然科学部，箏曲部，写真部が青森県代表として高等学校総合文化祭に出場するなど，運動部，部活動とも熱心に活動し実績を重ねている。

総合的な探究の時間である「Sakura Time」を通じて，自ら課題を発見し，探究する活動にも力を入れている。地域の方々の支援を受けながら，社会が急速に変化する中，山積する課題を自ら解決し未来を生き抜く人材育成と地域に信頼される学校づくりに取り組んでいる。

2．化学教師として

筆者は「化学」の教員である。高校時代に「化学」の面白さを知り，高校教師を目指した。教科，科目を通じて，どんな生徒を育てたいか？　とよく問われたが，正直に言うと，「化学が面白い」ことを伝えたかった。化学の魅力を伝え，日頃から科学的な見方，考え方ができる社会人を育てたいと思っていた。

「高校で，化学が好きになった」と言う生徒もいたが，「私は化学が好きではなかったが，先生が『化学が好きだ』と言うことはよくわかりました」と言われることもしばしばで，授業では，いつも筆者自身が一番楽しんでいたように思う。そのようなわけで，化学以外でも，「自分の面白いと想う学問」を追究する生徒を育てたいという気持ちを強く持って高校教師を続けてきた。

3．進路指導

進路指導に関わる中で気がつくことも多かった。高等学校の進路指導は「キャリア教育」である。決して「職業教育」という意味ではなく，「これからの人生をどう生きていくか」を真剣に考え，「今」をどう充実させるのか，「キャリア」を重ねていくことを「キャリア教育」と考える。高校生活すべてが，この「キャリア教育」につながっている。

特に，高校生は大学受験，就職試験などの「受験」を通じて飛躍的に成長する。進学先，就職先を調べ，自分の将来を自分自身で考える経験を通じて，自分自身を客観視し，保護者や教師と正面から向き合う。不足している部分があれば，自分でどう補うのか戦略を立てる。時には，周囲の人を説得し，時には，周囲の人のアドバイスに耳を傾け，受験に向かう。どんなに真剣に向き合っても，必ずしもうまくいくわけではない。自分の志望と自分のもつ学力や適性，家庭の事情などと折り合いをつける。苦しい中で，再び自分と向き合っていく。

中学受験や高校受験も成長の過程であるが，高校生という過程で自分を客観視し，自ら進路や将来のキャリアについて考える経験はなにものにも代えがたい。真剣に「受験」に向き合った生徒たちの成長に，いつも感動させられる。生徒たちを支え，励まし，どんな指導法があるのか模索する日々を過ごし，生徒と一緒に筆者自身が成長させてもらった。受験は生徒を大きく成長させる，という信念をもって，日々指導に臨んできた。そのような中で，高大接続答申が出されたのである。

◆◇◆

第２節　高大接続改革

1．未来を紡ぐ教員勉強会

平成26年（2014年）中教審より「高大接続答申」が出されたときには，実感がわかず，「また，何か変わるんだろうか」とぼんやりと考えていた。

しかし，平成27年（2015年）１月16日に高大接続改革実行プランが提示され，高大接続改革に向けた工程表を見て大いに慌てた。各大学の個別選抜改革，大学入学希望者学力評価テスト，高等学校基礎学力テスト，高等学校教育の改革，大学教育の改革という見出しと，それぞれのたたみかけるような工程に，目の前に改革が迫ってきていることを感じたからである。すぐに迫りくる改革に「学校で準備することは何か」情報収集が必要だと強く感じた。

同年３月　東京で（株）リクルートの『キャリアガイダンス』編集長の山下真司氏より，新テストについてレクチャーを受ける機会があり，当時の青森県立青森高等学校の進路主任であった筆者は，青森県立弘前高等学校の進路主任の千葉栄美先生と共に参加した。まだ，情報の少なかった時期である。講演では主に，大学入学希望者学力評価テスト，高等学校基礎学力テストについてお話を伺い，また，他県での勉強会の状況を聞き及び，青森県内の各高校の先生方と情報を共有する必要性を強く感じた。

県内の進路指導主任を中心に声を掛け，平成27年（2015年）６月に「進路勉強会」を開いた。前述の山下真司氏を講師にお呼びして「入試制度改革の狙いと影響――今からどう取り組んでいけばいいか――」と題したご講演をいただき，皆で議論した。一度限りの勉強会のつもりだったが，その場で第２回の実施が提案された。「本当にこのまま新テストが実施されるのか？」という疑問がくすぶっていたからである。

そこで，当時，東北大学高等教育開発推進センター准教授であった，倉元直樹先生を講師として「流されぬ進路指導のために――現場から入試制度改革に挑む――」というテーマでご講演をいただいた。この講演まで「提示された案にいかに対応するか」を考えてきた筆者は，「現場の教員が声を上げ，その声を届ける努力をすべきである」という倉元先生のお話に非常に感銘を受けた。現場の教員が，声を上げられるという当たり前のことを，勝手に諦めていたことに気づかされた。現場からの声を上げていくためにも，共に学び共に考え続ける仲間が必要だった。

その後，「今，みんなが考えたいことを，一緒に考えて，共に進んでいく」勉強会が発足した。この勉強会は「未来を紡ぐ教員勉強会」と名付けられ，多くの方々のご支援をいただきながら，今日まで続いている。年に2～3回のペースで，学びたい者が学びたいときに集まって一緒に考えるこの勉強会は，事務局を引き受けてくれる多くの若い教員によって支えられ，高校教員の横のつながりを大切にしながら，未来に向かって糸を紡いでいる。

2．東北大学AO研究

令和5年（2023年）2月，未来を紡ぐ教員勉強会では，東北大学のAO入試をテーマに勉強会を行った。AO入試を経験した生徒がいる学校からは東北大学のAO受験をするが，受験者の少ない学校では情報が不足しており，指導についてよくわからない先生が多く，生徒に挑戦させられていない。入試に対する理解が進めば，もっと多くの高校生が挑戦できるのではないかとの意見が出されたからである。そして，東北大学教授の倉元直樹先生から東北大学AO入試についてご講演いただき，教科分科会ではそれぞれの指導について意見を交換することもできた。その際に，倉元先生から東北大学高等教育フォーラムに登壇者として話をするお誘いをいただき，さらに，この原稿を書かせていただく機会をいただくことになった。

3．高大連携

中央教育審議会から「高大接続答申」が出された際には，高等学校教育・大学教育・大学入学者選抜の一体的改革との認識であった。

しかし，センター試験の廃止や共通テストの導入，外部試験の活用や学力の3要素の多角的，総合的な評価といった大学入試の大きな改革に，世間の関心が集中していったように感じているし，筆者自身も，「大学入試がどうなるのか」に一番の関心があった。そもそも，大学と高等学校では学問の方向性が大きく違い，高等学校は，「既存」の学問を「正しく」学ぶ場，一方，大学は「新しい知見」を「研究」する場であり，内容や学び方，考え方は自ずと異なっていた。時代の変化の中で，これからを生き抜くための，新たな

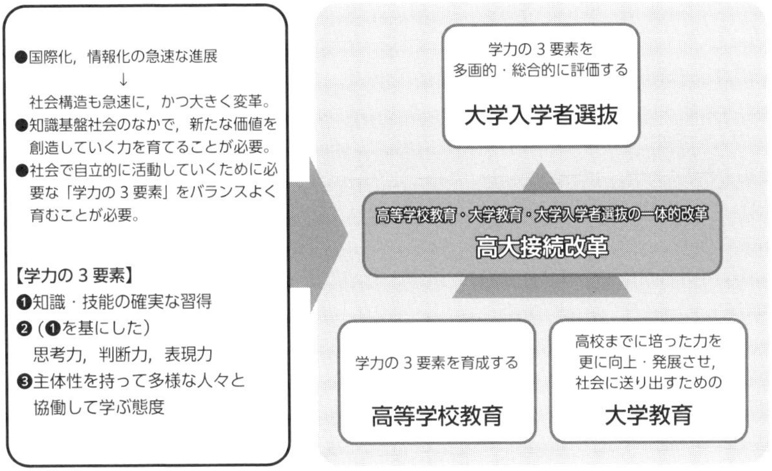

●国際化，情報化の急速な進展
↓
社会構造も急速に，かつ大きく変革。
●知識基盤社会のなかで，新たな価値を創造していく力を育てることが必要。
●社会で自立的に活動していくために必要な「学力の３要素」をバランスよく育むことが必要。

【学力の３要素】
❶知識・技能の確実な習得
❷（❶を基にした）思考力，判断力，表現力
❸主体性を持って多様な人々と協働して学ぶ態度

学力の３要素を多面的・総合的に評価する
大学入学者選抜

高等学校教育・大学教育・大学入学者選抜の一体的改革
高大接続改革

学力の３要素を育成する
高等学校教育

高校までに培った力を更に向上・発展させ，社会に送り出すための
大学教育

図６-２．高大接続改革の必要性（文部科学省，2017）

価値を創造する力を育てることを，高等学校も強く意識していく必要が生じてきた。既存のことを学ぶことは重要であるが，さらに「未知」への挑戦や「新たな価値」の創造を考える中で，大学入試という「接点」での接続ではなく，大学と高等学校が双方から乗り入れながら連携していくための方策が，より良い連携のために必要なのではないだろうか。

４．学生支援機構アウトリーチプログラム

かつて，東北大学アドミッションセンターでは，東北大学高度教養教育・学生支援機構アウトリーチプログラムとして，高大連携プログラムが実施された。青森県では平成20年（2008年）から原則年１回，むつ市，三沢市，五所川原市，八戸市，弘前市の６地区で行われ，弘前市で実施した際の主管校が弘前中央高校であった。1,300人の高校生，教員，保護者を対象に「地元って何だろう」をテーマにした講演と，センター試験リスニング体験を実施していただいた。

このプログラムによって「青森県からの東北大学の合格者が増加した」，「青森県からの志願者が増えた」という目に見える変化は起きていないと思う。しかし，「東北大学がわざわざ青森県の高校生のために講演を実施してくれた」ということに高校の教員は感激した。教員からの，東北大学への信

頼が増したということは言えるように思う。

現在も，多くの大学で，興味関心の高い高校生に向けた講座が多く行われている。オープンキャンパスの他，東北大学の「科学者の卵」や東京大学の「金曜講座」，「メタバース工学部」など，多くの高校生が大学での学びに興味をもつきっかけが用意されている。これらは，オンラインを活用するなど，地方の学生に配慮した取り組みも多く，志をもつ高校生にとって知的好奇心を刺激する高大連携の取り組みであり，高校の教員としては忙しい中高等学校の生徒の教育に心を砕いてくださる大学に感謝している。

◆◇◆

第３節　総合的な探究の時間

高等学校の総合的な探究の時間については，ぜひとも高大連携の中で学びを深めていくことができればと考える。総合的な探究の時間は，普通科の学校では，ほぼすべての生徒が取り組んでいる。この総合的な探究が，思いつきではなく深い学びになるためには，学問的な視点が必要だと感じており，大学や外部専門家との連携が必要と考えるところである。

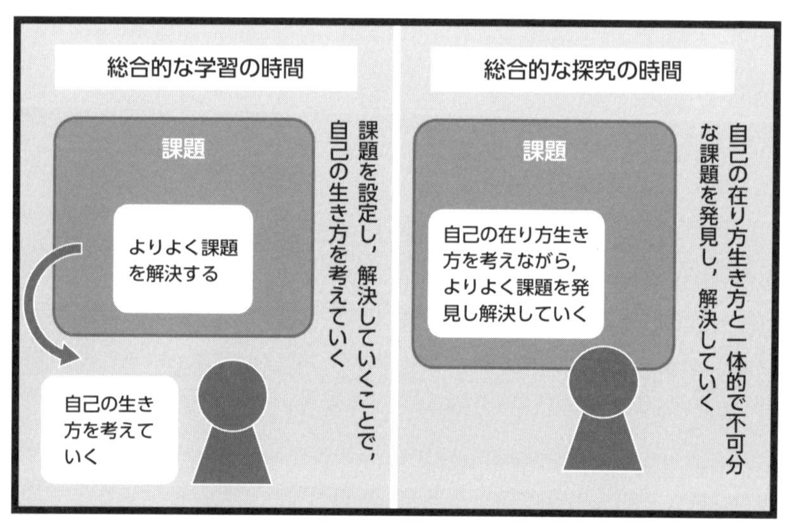

図 6-3．課題と生徒との関係（イメージ）（文部科学省，2018 より）

「探究」には懐疑的な意見を聞くことが多い。高校生に小手先の「探究」をさせて，研究と勘違いさせてはいけない。高校では，もっとしっかりした教科の学びを行った方がよいという言葉をしばしば耳にする。これには，高等学校の探究に対する勘違いもあるように思う。高等学校における「探究」について，少し述べておきたい。

平成30年（2018年）の学習指導要領改訂に伴って，高等学校における総合的な学習の時間は総合的な探究の時間と改訂され，「探究の見方・考え方を働かせ，横断的・総合的な学習を行うことを通して，自己の在り方生き方を考えながら，よりよく課題を発見し解決していくための資質・能力」を育成することを目指す（文部科学省，2018）とされた（図6－2）。

この背景には，日本の教育の抱えている課題がある。日本財団が2022年1月26日（水）～2月8日（火）日本，アメリカ，イギリス，中国，韓国，インドの6カ国の18歳，各1,000人についてインターネットで行った18歳意識調査「第46回―国や社会に対する意識（6カ国調査）―」（日本財団，2022）によると，「将来の夢を持っている，自分の将来が楽しみである」など自分の将来や目標についての質問で，日本は6カ国中すべて最下位の結果であった。自身と社会の関わりについても「自分は大人だと思う」，「自分の行動で，国や社会を変えられると思う」がそれぞれ3割に満たず，他の国に差をつけて低い。

国際的な学力調査では，高い成績の日本の生徒たちが，将来の夢がない，自分で国や社会を変えられると思えないということは，教育の大きな課題である。社会の担い手になり，自ら学んでいく生徒を育てるために，生き方を考え，自ら課題を見出し，問いを立て，探究していく「総合的な探究」を通じて，未知の状況にも対応できる力を育むのが探究の目的である。

1．弘前中央高校の探究～Sakura Time

弘前中央高校では，地域をフィールドにした探究を行っている。平成30年（2018年）から，当時，東北学院大学特任准教授を務められていた菊池広人先生に本校の探究活動についてアドバイスをいただくようになった。生徒，教員双方に向けて弘前中央高校の生徒に求める「探究」について，講演をいただいたり，指導をいただいたりするなかで，本校の探究が変化をしていった。

また，弘前大学教育学部宮﨑充治教授，加賀恵子准教授，桐村豪文准教授，若松大輔助教を中心に，本校の探究について継続的にアドバイスをいただいている。本校での取り組みについて，消費者フォーラム in HIROSAKI，あおもり環境人財育成事業についてご紹介する。

2．消費者フォーラム in HIROSAKI

令和５年（2023年）１月21日，消費者フォーラム in HIROSAKI に，本校の生徒が参加し発表を行った。この探究活動では，弘前大学教育学部の「総合的な学習の時間の指導法」を受講している大学生からオンラインで助言をもらい，問いを深める活動を行うことができた。本校生徒にとっては，自分の問いについて助言をいただく機会であり，教育学部の大学生にとっても，将来教育の現場で生徒の探究にどう向き合うかという機会となり，双方で成長できていればうれしい限りである。

3．あおもり環境人財育成事業

青森県で行われている環境保全活動や環境教育・環境学習の担い手となる若者の育成に力を入れた「あおもり環境人財育成事業」にも，弘前大学教育学部北原啓司特任教授，土井良浩准教授と連携して環境問題や持続可能な社会の実現などの分野の探究活動を行っている生徒たちが参加し，探究を深めている。この分野で活躍している経験豊富な本物の知見をもった大人たちと意見を交わすことができたのも，弘前大学の支援があってのことである。

◆◇◆

第４節　大学入試と高大接続

次に，大学入試について述べていきたい。大学入試は高大接続の要であり，高校においても大学を知る重要な窓である。入試問題から大学の思いを読み解くことを，これまでも高等学校の教員は行ってきた。各大学では，アドミッションポリシーを公表しており，より「大学の求める人材」，「大学が育てる人材」について具体的に示されるようになった。

1．総合型選抜，学校推薦型選抜の意義

アドミッションセンターの一番の仕事は，大学入試の設計なのだろう。大学入試は一般選抜，総合型選抜，学校推薦型選抜の3つに分けられている。現在，国公立大学において，総合型選抜と学校推薦型選抜を合わせると，定員の約23%。4分の1弱が一般選抜以外の選抜方法となっている。

当然ながら，志が高く，高い学力をもつ生徒が大学入試選抜を突破するのが理想だ。しかし，入試で高い学力を示しても，その大学での学びに意義を感じられない「不本意入学」の学生は，大学で成長することが難しい。一方，学びたいという意欲を述べることができても，大学での学びに耐えうる「基礎学力」が不足している者は，大学で不適応を起こすことになることは容易に予想される。そのような状況を打開するために，一般選抜だけではなく，総合型選抜，学校推薦型選抜といった多様な選抜方法が多くの大学でとられている。

高等学校の教員として筆者は，理想を目指してきた。つまり「志が高く」かつ「知識技能を備えた」生徒を育てることを目標にしてきた。教科に関する「知識技能」は，高等学校の学習活動の中で育んでいく。学びに向かう姿勢や表現力，判断力なども，高校で学んでいく。そして，総合型選抜や学校推薦型選抜は，格好の「学びの場」である。総合型選抜，学校推薦型選抜を受験する生徒は，まず最初に，大学のアドミッション・ポリシーを熟読する。大学でどんな研究をしているのか，大学はどんな学生を求めているのか，調べていくうちに，「どうしてもこの大学に行きたい」という意識を高めていく。さらにその結果，学問への関心が高まる。

一般選抜で受験する生徒についても，大学について調べたり，志望理由を考えたり，学問を研究する時間はもちろんある。しかし，「受験」に向き合うとき，生徒は自ずと真剣に「大学での学び」に目を向けることになる。筆者が見てきた何人かの生徒について以下で紹介する。なお，個人の特定を避けるため，複数の生徒の例をまとめて引用していることをお許しいただきたい。

1.1. 東北大学にAOで合格したAさん

Aさんは，「高等学校の化学」が好きだけれども，特に研究したいことが

あったわけではない。A さんは,「なんとなく」オープンキャンパスに出かけ，工学部の研究室で「触媒の研究」に魅せられてしまう。その研究室の研究について調べ,「触媒が未来を変える」と熱く語るようになり，その後 AO 受験をした。

面接で「イノベーションを起こす触媒を自らの手で作りたい」と熱く熱く語ったA さんに,「それできたら，ノーベル賞だよ」と面接官はあきれた口調で言ったという。しかし，熱くなっていたA さんはその場でさらに前のめりに,「じゃあ狙います」と口走ってしまい，面接官と共に爆笑になった。本人は後日,「面接なのに熱くなって言い過ぎた」と反省しきりであったが，無事に合格した。

1.2. 地方国立大を志望した B さんの場合

B さんは，人一倍化学が好きな生徒だった。志望理由を聞くと「大学で化学が勉強したい」と言う。もう少し，具体的にやりたい事を探して見ては？という助言を受けて，大学について調べ,「有機化学の研究がしたい」と話すようになる。

そこで，有機化学の本を一冊読んでみてはと助言を受けた。そこで夏休みにある大学の先生の書籍を一冊読んだ。ここで学びのスイッチが入る。夏休み明けに，筆者のところにやって来て,「自分が」,「いかに」,「その大学で」学びたいか,「その研究に」携わりたいか，熱をもって語り始めた。「たった一冊」の本を読んだだけの浅い知識である。しかし，B さんは「本気で」筆者に夢を語るようになった。その後，ひたむきに学び，合格を勝ち取った。

2.「付け焼き刃」の志望理由書はいらない？

A さんは，オープンキャンパスがきっかけだし，B さんはたった一冊の本を読んだだけである。大学の先生からすると「付け焼き刃」に見えるかもしれないし，知識も浅い。研究に熱心に取り組んでいる研究者ほど「そんな程度の知識で研究を語るな」と思われるかもしれないし,「受験のために，無理に志望理由を作っている」ように見えるかもしれない。

しかし，高校生が，受験を通して学問に恋をする瞬間であると筆者は考えている。特別な「研究成果」を求める入試は，それで価値がある。科学オリンピックなどの入賞や論文で評価する入試もあってよい。しかし，今，述べているのは，普通の高校生が，志望を高めるきっかけとなる総合型選抜だ。普通の高校生が，大学の教授の書いた本を読もうと考えること，論文を読もうと考えることが大切なのではないだろうか。そこには入試という仕掛けがあり，志望動機を高めていく原動力になっていると感じるのだ。

3．東北大学に合格したのはAO入試を受けたから

Cさんは，AO入試に挑戦したが，残念ながらAO入試で合格することはできなかった。あきらめずに前期試験を受験して，合格を決めたとき，周囲の先生から「Cさんはもともと，学力が高いんだから，最初から一般受験に専念させた方がよかったのではないか。もし，AOに取り組んでいなかったら，もっとセンター試験でも高い点数がとれたはずだ。結果受かったからよかったが，AOは受験させない方がよかった」という意見をもらった。

しかし，本人の意見は違っていた。「先生，志願理由書を作るのはとても大変だったけれども，志望理由を書きながら，実は学習時間が延びています。だって絶対に合格したいと思ったから。AOで落ちたときは本当に悔しかった。『絶対に前期で合格してやる！！』と強く思いました。もしも，自分がAOで落ちていなかったら，こんなに東北大学にこだわらなかったかもしれないし，頑張りきれなかったように思います。だからAO入試から受験して正解でした」と話してくれた。合格する，しないではなくて，志望動機が高まるような仕組みが総合型選抜には備わっている。

4．多くの受験生は学び続ける

世間では，合格を早く決めたい，楽に合格したいという入試という誤解もある。しかし，多くの受験生は，「総合型選抜で受かったからあとは勉強せずに遊ぶ」ことはなく，「将来に向けて」受験勉強を続ける。生徒は，「入学後に学力が不足しないよう」頑張り続けると述べるし，多くの保護者から，「合格が決まったあとも受験勉強を続けていました。しかも，勉強時間が延びて驚きました」という話を聞く。受験がゴールではないということを，生徒たちはよくわかっている。そして，Cさんのように，不合格になったら一般入試へ向けて進み続ける覚悟をもっている。

そのためには，高等学校側の指導は欠かすことができない。「無駄な受験をして損をした」，「もう，だめだ。受験に向かうことができない」と受け止める生徒がでないように，高等学校の指導では入試の意義を語る。「学力不足の人が運良く」合格できる入試ではなく，総合型選抜，学校推薦型選抜と，一般選抜が一つの延長線上にある入試が望ましいと筆者は考えている。

5．志望理由は変化してよい

B さんの話には続きがある。夏休みに高校へ遊びに来た B さんは，「目指すと言った研究室にはとても入れそうにない」と言う。自分以上にこれまで努力してきた人たちがその研究室を目指していているのに驚いたそうだ。そして，「高校時代の自分の視野は狭かった。大学に行って，社会に役立つたくさんの研究があることがわかったから，別の研究に邁進するつもりだ」と高校時代の先生に告げに来たのだ。

生徒はともすると，「この研究がしたい」と言って入学したら，それ以外の研究を志望してはいけないのではないかと考えがちである。まるで合格するために嘘をついたと思われるのではないかと不安を感じるようである。高校生は本当に純粋である。

高校生が真剣にそのときに大学に行きたいと考える。大学の先生から見れば，ほんの入り口の本を読んだだけの世間知らずかもしれないが，高校生が，大学の先生が書いた「書籍」や「論文」に目を通し，その研究に自分も携わりたいと心から思う。そのために，今まで以上に学びに向かっていく。それが，「総合型選抜」や「学校推薦型選抜」の効果である。多くの「真剣に」受験に向き合った生徒は本当に成長する。そして，大学に入学後も，自らの「不足」に気づきながら，次の高みを目指していく。志望理由は変わってもよいし，浅い知識であることに気づき，修正できることが，大切なのではないだろうか。

だからこそ，高校生の「今」の思いを評価してほしいのである。

第５節　総合型選抜の合格者は学力が低いという誤解

一般選抜で合格することが正規で，「総合型選抜」を選択するのは，学力が低いからだという風潮が，未だにあるのは極めて残念である。決して，「学力が不足しているから総合型選抜でしか受からない」という入試であってはならないが，「うちの高校は総合型選抜で合格を狙うような高校ではない」，「無駄に総合型選抜に時間を掛けない方がよい」という話も耳にする。それを受けて，生徒たちも，総合型選抜のために「本当はやりたくない活動をする」，「目立つ活動をする」，「評価されるような活動をする」。逆に「部活をやめたら不利になるのではないか」と，部活動に籍だけを置いておこうと考えたりする。

大学入試のために高校生活を歪ませるようなことはあってはならない。どこまでも，学力も，志も高めて受験に臨んでほしいのである。しかし，残念なことに，大学の先生の中にも，「総合型選抜の入学者は成績が低い」と考えている方もいるのも事実である。

１．総合型選抜の合格者は学力が低いという大学教授

ある大学のオープンキャンパスに行ったＤさんが，がっかりして高校に帰ってきた。大学で研究をしたいというＤさんにその大学の教授は，「うちの大学で研究者になるのは，後期で受かった（前期で難関大学を受けたけれど合格できなかった）学力の高い生徒で，総合型選抜で入学するような生徒が研究者になることはない」と告げたのだという。一教授の話と聞き流すことは，高校生にとって難しい。学生を獲得するためのオープンキャンパスでの話だからである。その話を，校長である筆者に伝えた先生から「この言葉が大学の本音なのだ」と言われ，返す言葉がなかった。高等学校の現場でも，大学でも，そして，世間一般でも「総合型選抜」の入学者が「学力が低い人」と捉えられているのであれば，あまりにも残念な話である。

もし，「研究したいなら，どの受験生よりも高い学力をもって大学に入学して来なければ，研究者にはなれない」と声を掛けてくださったら，総合型で合格したあとも，大学に入ってからも，真剣に学ぶ学生になる。「総合型

選抜を受験すると時間が取られて学力が下がる」，「総合型選抜で入学する生徒は研究者になれない」のであれば，それは入試の設計に問題があるのではないだろうか。

2．総合型選抜は準備をしない？

ある大学の入試説明会で，「高等学校で，総合型選抜の受験の指導をしないでほしい」と言われたことがある。面接で普段の様子を見たいのに，練習してくるから，入試の意味がないというのだ。準備をしない受験はない。なぜならば，生徒は「受験」で成長するからだ。高校生は，大学について調べ，自分の志望を整理して，相手に伝わるように考える過程を経て成長していくのであって，何も準備しないで受験することはあり得ない。決して，その場を取り繕うために練習をしているわけではない。

3．真剣に向き合った生徒はわかっている

一般選抜を受験する場合に，その大学のアドミッション・ポリシーをしっかりと読み解いていない例も多い。しかし，自分が総合型選抜，学校推薦型選抜で受験する場合，大学のことや研究を理解して望むことが，不可欠である。この過程を経ることで，生徒の志望動機は高くなる。

E さんは AO 入試で不合格になってしまった。同じ大学を不合格になった生徒は複数おり，「もう一般入試は受けたくない」と口にする生徒もいた。そのとき，E さんが，「（自分たちより）志望の高い人はもう AO で全員受かったはずだから，今，私たちは一番志望動機が高い。あとは勉強するだけだ」と，友人を励ましているのを耳にした。自分自身の志望動機が高まったことを自分が実感できる，これが AO 入試なのだ。幸いなことに，E さんは前期入試で合格することができた。真剣に受験に向き合った生徒は，必ず成長している。

第６節　学習指導要領とアドミッション・ポリシー

そもそも大学の求める人材と高校の育てたい人材というのは一致している。

学習指導要領では，生きて働く「知識・技能」の習得，未知の状況にも対応できる「思考力・判断力・表現力」の育成，学びを人生や社会に生かそうとする「学びに向かう力，人間性」の涵養の3つを柱にしている。

そして，各高等学校においても，設置者の定めたスクールミッションに基づき，スクールポリシーを策定し，育てる力や育てる人材を示している。本校では，6つの力を柱に育てる力を具体的に示している（図6－4）。

これらを大学のアドミッション・ポリシーと比較すると，高等学校の教育と大学のアドミッション・ポリシーは一致している。多くの大学では，高等学校で育てた力と同じものを求めていることがわかる。生きて働く「知識・技能」，未知の状況にも対応できる「思考力・判断力・表現力」，学びを人生や社会に生かそうとする「学びに向かう力，人間性」は，入試だけではなく社会でこれから生きていく高校生たちが身につけてほしい力であり，この力を大学でもさらに育てて社会に貢献できる人材を輩出するのではないか。

つまり，どの入試でも知識・技能と高い志が評価される，そんな入試を設計して欲しいのである。

第7節　最後に

中学では，学問に目覚めていなかった生徒や，特定の教科に苦手意識をもったまま高校に入学する生徒がいる。たとえば，なかなか英語ができない，努力しているのだけれどなかなか伸びてこないなど。

理由はそれぞれだが，地方では教科の専門外の先生に教えられている生徒が多くいることも一因ではないだろうか。もちろん，同じ環境でも成績の良い生徒はいるのだが，つまずいたときに，先生の支援があるかどうかが大切であると思う。また，地方では周囲の大人たちの職業も多くはない。ロールモデルが少ないのだ。中学で将来について考えたときに，目指す方向を定められずに，学問に前向きになれない生徒もいるのではないだろうか。

掛け違えたボタンは，高校で一からやり直そうとしても，大学入試には間に合わないこともある。中高一貫で，高校2年生で高校までの教育課程を終了する学校に比べると，地方の高校では大学入学共通テストの直前まで，教

弘前中央高校のスクールミッション・グラデュエーションポリシーと身に付けさせたい力

ミッション

各教科等で身に付けた見方・考え方を生かしながら、地域課題からグローバルな課題まで探究する学びを通して、教科等横断的な視点を育むとともに、地域に根差した社会的・文化的活動により、高い品性を養い、他者と協働しながら新たな価値を創造する人財を育成します

GP（育成したい生徒像）

- 幅広い知識と教養を身に付け、多角的・多面的な視点で物事をとらえる生徒
- 自ら課題を発見し、解決に向け主体的に考え行動し、社会の発展に寄与する生徒
- 自他を尊び、多様な考えを柔軟に受け入れながら、自己の考えを深め、発信する生徒

身に付けさせたい力（目標を具体化・焦点化するために身に付けさせたい力を設定）

【6つの力】

- 思考力：知識や経験をもとに物事を考える力
- 判断力：自らの思考を実現するために手段を講じて行動する力
- 探究力：疑問や課題を見付け、調査・実験を通じて深く考え探る力
- 創造力：学びや経験を通じて新しい価値を創り上げる力
- 協働力：自らの役割を理解し、目的の達成のために他者と調査する力
- 発信力：自らの考えを広く発表する力

教育活動（身に付けさせたい力及び学力を育成するための様々な教育活動）

- 授　業
- 総合的な探究の時間
- 学校行事
- 特別活動 校外活動（ボランティア活動等）

校訓

自律　誠実　進取

図６－４．スクールポリシー

科書の範囲が終わっていない場合もある。入試に間に合わないことは，生徒自身の責任だけではないように思う。しかし，志があるならば，不足は大学に入学してから，やり直すことができる。その際に基礎学力の担保は不可欠である。

総合型選抜，一般推薦型選抜の時点で学力が少し足りない生徒がいたとしても，基礎的な学力さえ担保されるならば，志が様々なものを埋めてくれると筆者は信じている。

だからこそ，大学のアドミッションセンターには，求める学生を合格させるための大学入試の設計だけではなく，受験への広報をお願いしたい。共に，高校生を育てる高大連携に前向きに取り組んでほしいのである。

すべての大学入試が高等学校の教育を反映した生徒が成長する機会となる，そして，せっかく入学した生徒が「この大学入試で入学した生徒は，学力がないから駄目だ」などと言われない大学入試であることを強く望んでいる。

文　献

文部科学省（2017）．高大接続改革　文部科学省 Retrieved from https://www.mext.go.jp/a_menu/koutou/koudai/index.htm（2024年 2 月 9 日）

文部科学省（2018）．高等学校学習指導要領（平成30年告示）解説　総合的な探究の時間編　p. 7　文部科学省 Retrieved from https://www.mext.go.jp/component/a_menu/education/micro_detail/__icsFiles/afieldfile/2019/11/22/1407196_21_1_1_2.pdf（2024年 2 月 9 日）

日本財団（2022）．18歳意識調査「――第46回 国や社会に対する意識（ 6 カ国調査）――」 日本財団　Retrieved from https://www.nippon-foundation.or.jp/what/projects/eighteen_survey（2024年 2 月 9 日）

人口減少化時代の大学アドミッションセンターの役割を考える

花輪　公雄

◆◇◆

第１節　はじめに

日本では，大学などの高等教育機関へは，初等・中等教育を終えてすぐに進学すべきもの，と受け止められている。その結果，大学入学者は高校教育を終えたばかりの18歳から19歳の人たちが圧倒的な比率を占める（具体的なデータは後述）。すなわち，学生を構成する年齢層は極めて限られている。

日本の人口は，平成20年（2008年）の１億2,808万人をピークに減少が続き，令和４年（2022年）には１億2,494万人と，ピーク時よりも300万人もの減少となった（総務省，2023）。この減少傾向はますます加速しながら今後も長期間続く。この減少の主要因は出生数と死亡者数の差で決まる自然減である。とりわけ出生数の低下が効いており，昭和22年（1947年）から昭和24年（1949年）までの第１次ベビーブーム（270万人，1949年）や，昭和46年（1971年）から昭和49年（1974年）までの第２次ベビーブーム（210万人，1973年）に比べると，令和４年（2022年）の出生数は約77万と，その少なさは際立っている（厚生労働省，2023）。これに伴い，大学入学年齢である18歳人口も，日本の総人口に比例する形で，この間減少が続いており，令和22（2040）年には88万人になるとの推計もあったが（中央教育審議会，2018）（図７-１），この推計は過大に評価していて既に破綻していることが分かる。

本稿は，このような状況の中で，大学教育が人口減少に応じて‘シュリンク’するのではなく，積極的に新たに「多様な学生」を獲得し，そのため大学の教育機能を今まで以上に拡大すべきであるとの立場で，人口減少化時代の大学アドミッションセンターの役割を考えることである。

本稿の構成は以下のとおりである。第２節で，日本の大学入学者は他国に

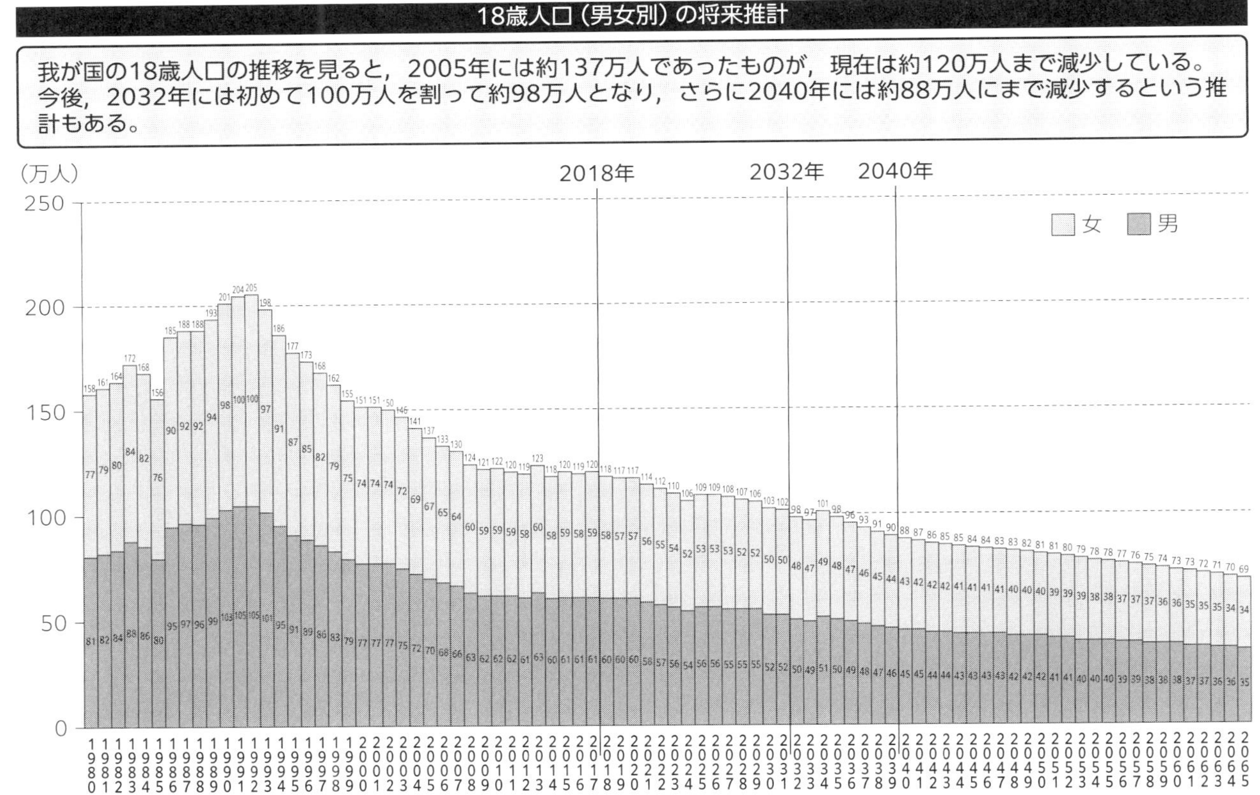

図7-1．18歳人口の将来推計（中央教育審議会（2018）「2040年に向けた高等教育のグランドデザイン（答申）」の参考資料より。原図はカラー）

比べて年齢幅が狭く属性も均一であることを，学校基本調査資料や経済協力開発機構（OECD）の調査結果などを用いて述べる。この著しい均一性は，世界各国と比較すると極めて特異である。第3節で，今後の高等教育では，「多様な学生」と「多様な教育体制」が重要であり，とりわけ社会人へのリカレント教育の充実が求められることを述べる。第4節では，単線直行型ライフ・キャリアからの脱却について述べる。そして第5節では，アドミッションセンターは，「多様な学生」を大学に迎え入れるための活動を積極的に行うべきであることを述べる。

表7-1．2021（令和3）年5月1日を基準日とした学士課程入学者の年齢分布
（令和4年度学校基本調査から）

年齢	人数	比率（%）
総数	627,040	100
17歳以下	261	0.004
18歳	501,490	80.0
19歳	96,351	15.4
20歳	16,207	2.6
21歳以上	12,731	2.0
留学生（内数）	14,077	2.2
海外校等（内数）	17,919	2.9

表7-2．2021（令和3）年5月1日を基準日とした修士課程・博士課程前期課程入学者の年齢分布（令和4年度学校基本調査から）

年齢	人数	比率（%）
総数	74,325	100
21歳以下	308	0.4
22歳	38,346	51.6
23歳	18,405	24.8
24歳	5,957	8.0
25歳以上	11,309	15.2
社会人（内数）	6,897	9.3
留学生（内数）	10,061	13.5

◆◇◆

第２節　多様性を欠く日本の大学入学者

文部科学省は，毎年５月１日を基準日とした「学校基本調査」を行っている。その調査項目の１つに，入学者の年齢構成調査がある（政府統計の総合窓口（e-Stat），2022）。まず令和４年度（2022年度）の調査から，令和３年度（2021年度）学士課程入学者の年齢構成を見ていこう（表７－１）。５月１日時点での入学者総数は62.7万人で，そのうち18歳はおよそ50.1万人と80％を占める。さらに，19歳は9.6万人（15.4％），20歳が1.6万人（2.6％）であり，18歳から20歳までの入学者が実に98％を占めている。

また，入学者の中で，どちらも内数であるが，留学生は1.4万人，外国の学校卒・専修学校高等課程卒・その他高卒認定等の経歴を持つ人は1.8万人である。それぞれ，入学者総数に対する比率は2.2％，2.9％となる。すなわち，日本の高等学校以外の道を経てきた人は5.1％と，たった20人に一人の割合にしかすぎない。年齢の点と属性の点で，日本の大学入学者は均質性が極めて高いと言える。

さらにこの統計資料から，大学院修士課程・博士前期課程の入学者の年齢構成も見ておこう（表７－２）。容易に想像できるように，22歳と23歳を合わせた入学者が76％と，４人のうち３人はこの年齢層である。この表にはどちらも内数ではあるが，社会人と留学生の入学者の数値も示した。学士課程入学者よりも大学院入学者では，社会人（9.3％）や留学生（13.5％）の割合が

表７－３．2021(令和3)年５月１日を基準日とした博士課程入学者の年齢分布
（令和４年度学校基本調査から）

年齢	人数	比率(％)
総数	14,382	100
23歳以下	123	0.9
24歳	2,467	17.2
25歳	2,099	14.6
26歳	1,274	8.9
27歳以上	8,419	58.5
社会人(内数)	6,001	41.7
留学生(内数)	2,904	20.2

多くなり，ダイバーシティ「度」，すなわち，多様性は学士課程入学者よりも高くなる。

次に博士課程の入学者である（表７－３）。大学に18歳で入学し，留年せずに大学院へ入学したとすると，24歳が入学年齢となる。実際，年齢別入学者としては24歳が最多の年齢であるが，その比率は17.2％と，学士課程入学者の18歳比率や修士課程入学者の22歳比率に比べると極めて低くなる。24歳から26歳までの入学者は約40％である。そして，27歳以上がおよそ60％を占めるように，分散した年齢構成となり高年齢化する。このようになる大きな要因は，社会人入学者が増加することであり，その比率は実際40％を超えるまでになる。留学生も同様に増加し，博士課程入学者の20％を占める。両者を合わせると62％であり，日本の博士課程の入学者の過半数は，社会人と留学生で占められているのである。このことは，日本人学生の大部分は修士課程修了後，博士課程へ進学せず，就職してしまうことを意味している。

この博士課程への日本人学生の進学者の少なさは，日本の高等教育における大きな課題の１つである。すなわち，日本人学生は，特に理系分野で学士課程（４年）＋修士課程（２年）の６年一貫教育の浸透もあり，修士課程ま

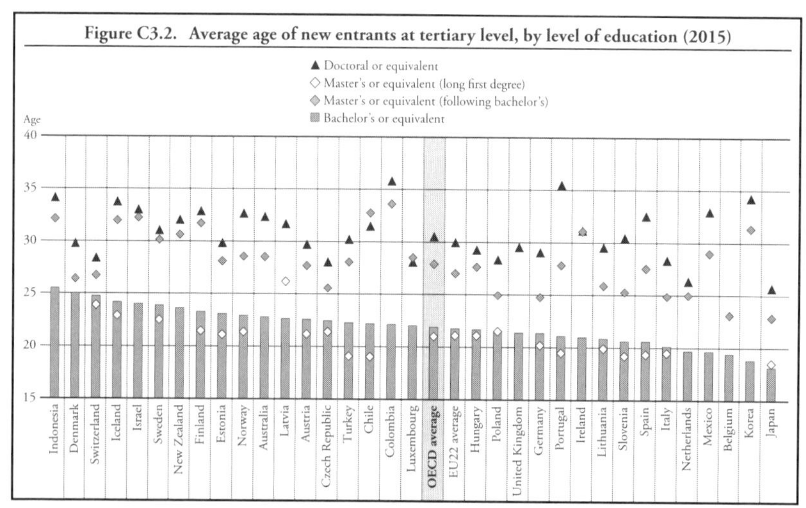

図７－２．各教育課程入学時の平均年齢について（学士課程入学者は棒グラフ，修士課程は◆，医学部などの６年の修士課程は◇，博士課程は▲。OECD（2017）より。原図はカラー）

では進学したとしても，博士課程への進学は考えていないのである。実際，「科学技術指標2022」（科学技術・学術政策研究所，2023）によると，博士課程進学者は平成15年（2003年）の1.8万人をピークにその後は減少し続け，令和３年（2021年）には1.5万人となった。このような状況は，博士課程大学院生に対する経済的支援の貧弱さと，何よりも博士号取得者のキャリアパスの貧弱さ，すなわち博士号取得後の就職の困難さや就職したとしても給与の面でメリットがないなどの状況を物語っている。

次に，この日本の状況を，海外と比較する。図７－２は，OECDがまとめた資料（OECD，2017）で，平成29年（2017年）における，学士課程，修士課程，医学分野などの６年間の修士課程，博士課程の，それぞれの課程への入学者の平均年齢を示したものである。学士課程入学者の平均年齢は棒グラフで示しており，この年齢の高い順に左から右へと国を並べている。日本は各国の中で学士課程入学者の平均年齢が一番若いため，右端に置かれている。これまで述べてきたように，日本はこの資料でも学士課程入学者の平均年齢はほぼ18歳，修士課程入学者は23歳，医学部などの６年の修士課程入学者は18～19歳，博士課程入学者は25～26歳であることが分かる。それぞれの入学者の平均年齢は，ここに示された33か国中，すべての課程で一番低年齢であることも分かる。大学への入学から博士課程への入学まで，浪人や留年などを経験しないとすれば，ここに示した年齢状態をほぼ反映することになる。

このような結果は，各国それぞれ固有の要因が反映しているのであろうが，筆者自身は日本と各国の状況の差異を詳しく論ずることはできない。そのような中でも，韓国は，日本と同様に学士課程入学者の年齢が低いが，修士課程・博士課程入学者の平均年齢は30歳を超えていることは興味深い。社会の在り様も含めこれにも様々な要因が働いているのだろうが，その１つは韓国の徴兵制度にあるのではなかろうか。韓国の徴兵制は，満20歳から28歳までに，１年半から３年程度の兵役をこなすこととされている。このようなこともあり，修士課程以降の入学時年齢が高年齢化しているのではないかと考えられる。

日本の高等教育機関への入学年齢が低い理由として，筆者は日本に独特な２つの考え方があるのではないかと考えている。ここで，考え方とは，社会風潮，あるいは個々人のマインドセットとも呼ぶべきものである。その１つ目は，回り道せずに，まっすぐな道を歩むのが良い，その人にとって幸福だ，とする考え方があること。２つ目は，日本では一度失敗するとやり直しがきかないので安全な道を歩みたい，とする考え方である。ここに挙げた２つの考え方は，おそらく日本（人）に特有ものであろう。しかし，現在や将来の日本が置かれる状況を考えると，脱却していくべきものではなかろうか。これについては，第４節で改めて触れてみたい。

第３節　リカレント教育と留学生プログラム ～「2040年に向けた高等教育のグランドデザイン（答申）」から～

平成29年（2017年）３月６日，松野博一文部科学大臣は，「我が国の高等教育に関する将来構想について」と題して中央教育審議会に対して諮問した。諮問文書の中には，次のような社会の分析と，育成したい人材像が述べられている（中央教育審議会，2017）（以下，下線は筆者）。

> このような社会の変化やこのような経済社会の変化やグローバル化の急速な進展，本格的な人口減少社会の到来の中で，一人一人の実りある生涯と我が国社会の持続的な成長・発展を実現し，人類社会の調和ある発展に貢献していくためには，人材育成と知的創造活動の中核である高等教育機関が一層重要な役割を果たすことが求められます。とりわけ，今後の人材育成においては，新たな知識・技能を習得するだけでなく，学んだ知識・技能を実践・応用する力，さらには自ら問題の発見・解決に取り組む力を育成することが特に重要となっています。このことを通じて，自主的・自律的に考え，また，多様な他者と協働しながら，新たなモノやサービスを生み出し，社会に新たな価値を創造し，より豊かな社会を形成することのできる人を育てていかなければなりません。

諮問の文書ではこれらを受けて，「中・長期視点から，概ね2040年ごろの社会を見据えて，目指すべき高等教育の在り方やそれを実現するための制度改正の方向性などの高等教育の将来構想について，次の事項を中心にご審議をお願いします」とする。

文中の「次の事項」として，具体的には以下に示す４点が挙げられている。

（１）高等教育機関の機能強化に向けて早急に取り組むべき方策について

（２）学修の質の向上に向けた制度等の在り方について

（３）地域における質の高い高等教育機会の確保の在り方について

（４）高等教育の改革を支える支援方策の在り方について

中央教育審議会はこの諮問に対し，平成30年（2018年）11月26日に，「2040年に向けた高等教育グランドデザイン（答申）」を公表した（中央教育審議会，2018）。この答申は，表題通り令和22年（2040年）に向けて高等教育はどうあるべきかを全般的に論じたものである。この答申の中で，（１）の事項に対する回答として，「多様な学生の確保」と「リカレント教育の充実」とが強調された。この２つについては，筆者も賛同するものであり，本稿の主題とも重なっている。以下，その内容を中心に概説する。

１．多様な学生の確保

本答申は，今後，高等教育改革の指針として位置づけられるべきものであるとし，実現すべき（目指すべき）方向性として，以下の３点を挙げている（２ページ）。なお，以下の表現は元の文章を筆者なりに簡略化したものである。

１）学修者が「何を学び，身に付けることができるのか」を明確にし，学修の成果を学修者自身が実感できる教育が行われること。

２）18歳人口が2040年には88万人に減少することを前提に，社会人及び留学生の受け入れ拡大が図られること。

３）各地域における高等教育が地域ニーズに応えるものとして充実されるとともに，高等教育機関の連携や統合が進められること。

本答申では，高等教育機関の教育研究体制として，多様性と柔軟性の確保を訴えている。すなわち，教育を提供する側が考える画一的な教育から脱却し，高等教育は「多様な価値観を持つ多様な人材が集まることより新たな価値が想像される場」＝「多様な価値観が集まるキャンパス」になることが必要であるとする。そのためには，「18歳で入学してくる日本人学生を中心とした教育体制（18歳中心主義）」や，教員の「学内出身者を中心とした教育研究体制（自前主義）」から脱却し，「多様な学生」を受け入れることができる体制を整備するとともに，学部・学科を越え，大学を越えた人的資源の共有を通して「多様な教員」による多様な教育研究を展開することが必要であるとしている（p.14）。上記の「18歳中心主義」からの脱却は，まさに筆者が問題としているものと同じである。

本答申では「多様な学生」の確保に向けて，社会人に向けた「リカレント教育」と「留学生交流」を取り上げている。リカレント教育については，「人生100年時代を見据え，様々な年齢や経験を持つ学生が相互に刺激を与えながら切磋琢磨するキャンパスを実現するためには，高等教育機関には多様な年齢層の多様なニーズを持った学生に教育できる体制が必要となり，リカレント教育の重要性が増していくこととなる」としている（p.15）。そして，「従来行われてきたリカレント教育は，必ずしも学修者の視点に立っておらず，リカレント・プログラムの内容や供給数，実践的な教育を行える人材の確保，受講しやすい環境の整備などが課題となっている」と指摘する。さらに今以上にリカレント教育を充実させるために，「産業界，地方公共団体等と緊密に連携した実践的・専門的なリカレント・プログラムの開発や，実践的な教育を行う人材の育成プログラムの開発・実施などが必要である」としている。

一方，「多様な価値観が集まるキャンパス」実現のためには，「留学生の受け入れに特化した教育プログラムから脱却し，日本人学生・留学生・社会人学生等が共に学ぶことのできる教育プログラムを提供していくことが重要である」とし，「各高等教育機関は，自らの強みや特色を踏まえ，様々なニーズを持つ諸外国の留学生の動向を分析し，より優秀な留学生を引き付けることができる教育を，他機関との連携を含めて提供していくことが必要である」とする。

以上，本答申から本稿に関係する部分（「Ⅰ.2040年の展望と高等教育が目指すべき姿－学修者本位の教育への転換—」と「Ⅱ．教育研究体制－多様性と柔軟性の確保—」の1. 多様な学生）を取り上げた[1]。本報告書で取り上げ

1　本報告書は，さらに「Ⅲ．教育の質の保障と情報公開」や，「Ⅳ．18歳の人口減少を踏まえた高等教育機関の規模や地域配置」，「Ⅴ．各高等教育機関の役割」，「Ⅵ．高等教育を支える投資」，「Ⅶ．今後の検討課題」に言及している。

リカレント教育の現状

我が国のリカレント教育は，OECD 諸国と比較すると，
柔軟性が低く，労働市場のニーズに合致していない傾向。

リカレント教育の評価（OECD Dashboard on Priorities for Adult Learning ）
継続職業訓練調査（CVTS），欧州成人教育調査（AES），国際成人力調査（PIACC）等を基に，
OECD が各国の成人教育政策のパフォーマンスを７つの観点から 0 - 1 で評価

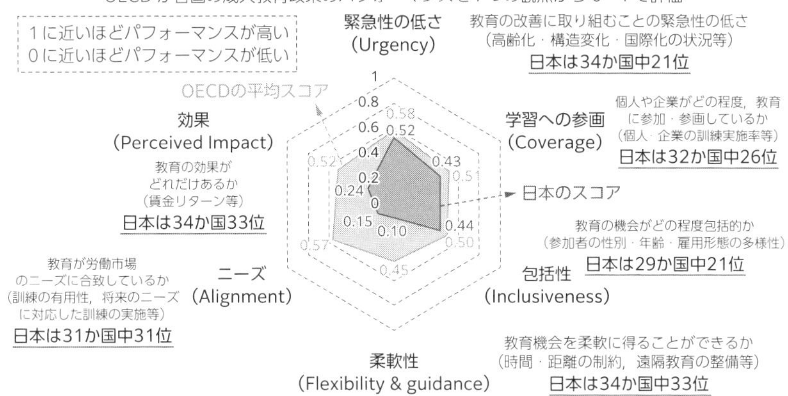

図７-３．OECD 諸国と比較した日本のリカレント教育の評価（内閣府「選択する未来2.0」（2021）の参考資料より。原図はカラー）

ている「多様な価値観が集まるキャンパス」実現に向けた「多様な学生」の確保については，繰り返しであるが筆者も全く賛同するものである。その対象として，様々な属性を持つ学生として社会人や留学生をターゲットとするのも自然なことである。

なお，社会人の学び直し教育であるリカレント教育をめぐる本答申以降の動きについては，次小節で見ておく。

2. リカレント教育をめぐる動き

平成30年（2018年）の中央教育審議会の答申後，リカレント教育に関する議論が活発となる。内閣府は，令和３年（2021年）６月４日に公表した「選択する未来2.0」（内閣府，2021）において，日本の社会を活性化するためには人材育成が肝要だとし，日本の現在のリカレント教育の現状を踏まえ，リカレント教育の一層の充実を訴えている。「我が国の最大の資源は人材である。しかし，新たな挑戦に踏み出す人々がいる一方で，4. で後述するとおり，日本型雇用システムは多様な人材の活躍を引き出すことができず，人材

リカレント教育の現状

我が国では，大学・大学院の正規課程で学んでいる社会人の割合が低い。

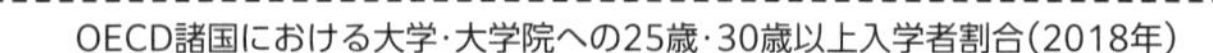

OECD諸国における大学·大学院への25歳·30歳以上入学者割合(2018年)

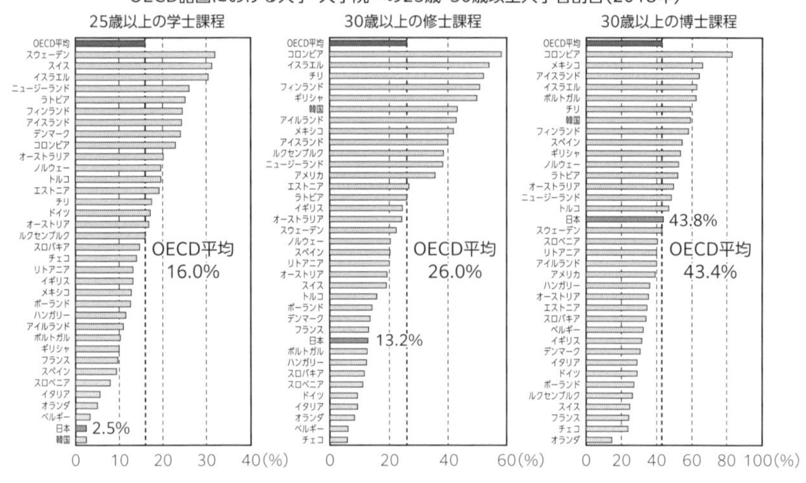

図７－４．　OECD 諸国における大学・大学院への25歳・30歳以上の入学者の割合
（内閣府「選択する未来2.0」の参考資料より。原図はカラー）

投資も伸び悩んでいる。人々がいつでも学び直し，その能力を高めるためのリカレント教育は十分かつ効果的に提供されていない」（p.12）とする。図７－３は，日本のリカレント教育の現状を，６項目にわたり OECD 各国と比較したもので，レーダーチャート形式で示したものである。日本の現状はすべての項目で OECD 平均以下であり，中でも「教育の柔軟性」，「ニーズ」，「効果」の３項目については最も下位の部類に位置している。

さらに，日本におけるこのようなリカレント教育の貧弱さは，大学や大学院で学ぶ社会人の少なさにも表れている。図７－４は，学士課程で学ぶ25歳以上の年齢層の割合，修士課程，博士課程で学ぶ30歳以上の年齢層の割合を示したものである（いずれも正規課程）。すでに述べてきたように，博士課程を除き，日本では大学や大学院で学ぶ社会人は，他の OECD 諸国に比べ割合が大変低い。とりわけ学士課程における社会人の割合が低く，日本では高校卒業後，いったん社会人になると，大学入学にはほぼチャレンジしないことを意味している。一方で，大学院，特に博士課程での社会人入学者の割合が高く，博士号取得を目的とする人が多いことを意味している。

さて，リカレント教育の充実が叫ばれる中，文部科学省は「大学等におけるリカレント教育の持続可能な運営モデルの開発・実施に向けたガイドライン（詳細版）」を，令和５年（2023年）３月に公表した（PwC コンサルティング合同会社，2023，令和４年度文部科学省委託事業）。この報告書は表題にある通り，大学等で社会のニーズにあったリカレント教育をどのように実施すれば持続可能な事業となるのかを示したガイドラインである。

本報告書では，リカレント教育，スキリング，アップスキリング等を，第11期中央教育審議会生涯学習分科会における議論の整理（令和４年（2022年）８月）（中央教育審議会，2022）を基に，次のように定義している。

【リカレント教育とは】

社会変化への対応や自己実現を図るための，以下①〜③を内包した社会人の学び直し。

①リスキリング

次代のニーズに即して職業上新たに求められる能力・スキルを身に付けること。

②アップスキリング

現在の職務を遂行する上で求められる能力・スキルを追加的に身に付けること。

③職業とは直接的に結びつかない技術や教養等を身に付けること。

また，本報告書ではリカレント教育の現状も分析しており，平成30年（2018年）時点で日本国内の大学・専門学校等で学び直しをした社会人は，約47万人に達しているとのことである。その内訳は，約６割が正規課程に属し，残りの約４割が短期プログラム（履修証明プログラム・科目等履修生・聴講生）を履修している。全大学院生に占める社会人大学院生も年々高まっており，令和３年（2021年）現在，その数は約25万人，全大学院生に占める割合は24％である。

しかしながら，６割強の大学等が，現在リカレント教育を提供していないし，今後も予定はないとし，本報告書では大学等にとってのリカレント教育プログラムを提供する意義・メリットとともに，大学等におけるリカレント教育の推進に向けた方向性について示し，さらに事業化にあたっての課題や，課題解決をする上でのポイントや事例を示している。そして本報告書の参考資料には，大学等におけるリカレント教育取り組み事例集が添えられている。

第４節　日本における社会風潮 ～単線直行型ライフ・キャリアから脱却へ～

第2節の最後で，日本では回り道をよしとしない考え方（社会風潮あるいはマインドセット）と，失敗を過度に恐れ再チャレンジしない考え方があるのではないかと述べた。本節では，自身の人生を振り返り回り道の効用を説いた例と，個々人が実りある生涯を送るためのアントレプレナーシップ教育を取り上げ，ここに挙げた2つの考え方は今後まさに打破されるべき考え方であることを述べてみたい。実際，日本の社会は，急激な変換ではないが，大局的な方向性としてはこれらの考え方を打破する方向に進んでいると思われる。

１．回り道の効用

まず，回り道についてである。結果的に回り道をしたとしても，その経験は必ずや活かせるものと筆者は信じている。また，実際，多くの人がそう思っているのではなかろうか。

ここで1つの例として哲学者の故木田元（1928–2014）先生を取り上げる[2]。木田先生は，山形県立農林専門学校（農専，現山形大学農学部）を経て，東北大学文学部哲学科に入学した。木田先生は，「考えてみると，私の人生は回り道ばかりだったが，回り道の効用というものもありそうだ」と述懐する[3]。

木田先生は，農専時代，ドイツの哲学者 M. ハイデガー（Martin Heidegger, 1889–1976）の『存在と時間』を読んだが，全く歯が立たず何も理解できな

2　この節の内容は，拙著『続　若き研究者の皆さんへ』（東北大学出版会，2016）の「72　回り道の効用」（p.83）で紹介したものと同じである。

3　木田 元（2010）. 私の履歴書. 日本経済新聞2010年８月から９月まで全29回連載。引用した部分は９月24日掲載の第23回目の記事である。

かったという。そこで，哲学書を読む訓練をするため，東北大学の哲学科への入学を決意した。大学での木田先生は，ドイツ語を学んでハイデガーの原書を読み，そしてフランス語，ギリシア語を独学でマスターすることになる。その中でフランスの哲学者 M. メルロ＝ポンティ（Maurice Merleau-Ponty, 1908-1961）に出会い，面白くなり，論文を書いたり，彼の著作を翻訳したりした。

木田先生はまた，次のようにも述懐する。「いきなりハイデガーを訳したり書いたりするのではなく，このメルロ＝ポンティから始めたことは，私にとって大きなプラスだったと思う」。木田先生は，複数の語学をものにして幅広く学べたのは，旧制高校に入学しなかったからだと分析し，「人生は何が幸いするか分からないものである」と結論づける。

木田先生がハイデガーについて記すのは，『存在と時間』を初めて読んでから，なんと23年目後の昭和58年（1983年）のことであったという。木田先生は，ハイデガー研究の第一人者であり，ハイデガーの著作を平易な文章で翻訳し，日本へ紹介した研究者として評価されている。

2.‘起業’が少ない要因

次に，過度に失敗を恐れ再チャレンジしない考え方が日本では依然支配的であることを，アントレプレナーシップ教育についての資料を用いて述べてみたい。

令和３年（2021年）７月30日に開催された第２回文部科学省科学技術・学術政策局産業連携・地域振興部会に，「アントレプレナー教育の現状について」と題する資料が提出された（文部科学省科学技術・学術政策局，2021）。この資料によると，日本におけるアントレプレナーシップに関わる諸指標が相対的に低く（G７各国で６位，アジアで６位），在学中のアントレプレナー教育などの「起業家的枠組みの条件」に関するランキングでも，54カ国中30位台から40位台と低迷しているという。また，日本で起業が少ないと考える最大の要因の第１位は，「失敗に対する危惧（再チャレンジが難しい等）」が37.6％と他の要因を圧倒している。以下，第２位は「身近に起業家がいない」で19.5％，第３位は「学校教育（勇気ある行動への低い評価等）」で15％，第４位は「家庭教育（安全・安定を求める親の思い等）」で7.5％であった[4]。

すなわち，第２位の身近にロールモデルがいないということを除けば，学校教育においても，家庭教育においても，失敗を恐れず，困難な課題に挑戦するマインドセット（心持ち）を持たせる教育がなされず，結果として日本人は失敗を恐れて起業等には消極的である，という図式が描けるのである。

本資料では，この状態からの脱却が必要として，文部科学省がこれまで行ってきた「EDGE」，「EDGE-NEXT」，「スタートアップ・エコシステム形成支援」の各事業を振り返っている。しかしながら，令和３年（2021年）の調査から，アントレプレナーシップ教育を行っている大学は全体の約３割で，受講した学生数は，学士課程・修士課程の学生を合わせた全300万人の学生のたった１％，３万人に過ぎないとしている。このような状態から，アントレプレナーシップ教育の充実を提言している。

なお，大学等におけるアントレプレナーシップ教育とともに，この間，起業家を支援する制度も行政が主導して整備してきた。日本においても起業する人の数は年々増えてきている。実際，経済産業省は令和５年（2023年）５月16日に，「大学発ベンチャー数，過去最高の伸びを記録」として，令和４年度（2022年度）大学発ベンチャー実態等調査の速報を公表した[5]。それによると，2022年の大学発ベンチャー数は3782社を数え，令和３（2021）年よりも477社多く，伸び率も過去最高であったとという。諸外国に比べれば，これらの数字はまだまだ低いもので，‘起業文化’が根付いていないというべきであろうが，その進展の度合いは大きくはないものの，着実に進んでいることも確かであろう。これを，大学の力で今後いかに加速するかが問われている。

4　この元資料は一般財団法人ベンチャーエンタープライズセンターが発行する「ベンチャー白書2020」のもので，2021年３月17日に開催された第８回成長戦略会議に提出された資料に図として掲載された。このPDF資料は，次のURLで見ることができる。
URL：https://www.cas.go.jp/jp/seisaku/seicho/seichosenryakukaigi/dai8/iryou1.pdf

5　この資料は，経済産業省の以下のURLで読むことができる。
URL：https://www.meti.go.jp/press/2023/05/20230516003/20230516003.html

第5節　人口減少化時代の大学アドミッションセンターの役割

本稿では，まず，日本の大学入学者の大部分は，高校を卒業した直後の人たちばかりという著しい均質性を強調した。次に，少子高齢化とともに人口減少が顕在化し，失われた30年とも形容されているように，経済や社会の構造が容易には変化しない日本の置かれている厳しい状況の中，大学は，「多様な価値観を持つキャンパス」に転換することが重要であり，そのためには「多様な学生」と「柔軟な教育体制」の確立が重要であることを中央教育審議会の平成29（2017）年の答申から述べた。ここで，多様な学生とは，いままで以上に，様々な属性を持つ社会人学生や留学生のことである。そして，一人ひとりが実りある生涯を送り，社会の持続的発な成長と発展を実現するために，アントレプレナーシップ教育とリカレント教育の更なる充実が必要であることを述べた。さらに，日本社会特有の単線直行型ライフ・キャリア一辺倒からの脱却への期待を述べた。

以上を前提に，今後の大学アドミッションセンターの役割を考えたいが，その前に，現在大学の機能分化がいっそう進んでいる状態であるので，考えるべき立ち位置を明確にし，その上で人口減少化時代の大学アドミッションセンターの役割について考えてみたい。

なお，この節では社会人学生を想定した「リカレント教育」も，「学位プログラム」なる名称で一括して扱うこととする。

1．国立大学法人の類型化

国立大学は，第3期中期目標・中期計画期間中（平成28年度（2016年度）～令和3年度（2021年度））に，①地域のニーズに応える人材育成・研究を推進（55大学），②分野ごとの優れた教育研究拠点やネットワークの形成を推進（15大学），③世界トップ大学と伍して卓越した教育研究を推進（16大学），の3区分で運営費交付金が支援されることとなった。これを国立大学法人の類型化と呼んでいる。筆者が現在属している山形大学は①の類型の大学である。ちなみに東北大学は③の類型の大学である。

これらの区分により大学の機能分化がいっそう進んで来ると，各大学が持つ人材育成目標（育成する人材像）の差異が顕在化し，受け入れる学生の対象も違ったものになってくる（はずである）。例えば，類型③の大学では，ディシプリン（学術分野）ベースの教育が今後とも中心であり続けるのに対し，類型①の大学では，地方のニーズを考慮した人材育成教育にシフトするであろう。

2．学環と学位プログラム

前小節で述べたように。これからの多くの大学では，社会のニーズに合わせた人材育成のための教育プログラム，すなわち学位プログラムによる教育が主流となろう。実際，近年，国立大学の教育組織改組では，「学環」と呼ばれる組織による学位プログラムが多数設けられるようになった。ここで「学環」なる名称は，東京大学が平成12年（2000年）に創設した「情報学環」に始まるとされている。東京大学は次のように「学環」を説明する[6]。

> 情報学環（Interfaculty Initiative in Information Studies）は，教員が所属する「研究組織」です。情報学のイニシアティブを発揮するために，東京大学のあらゆる領域の研究教育組織から当該分野を代表する精鋭の研究者が集い，異分野と結びつき，新しい「学の環」を編成することによって成立するネットワーク型の「知の運動体」です。

すなわち，学環は，異なる学術分野を「環」のように結んだ組織であり，そこで行われる教育は，分野横断・分野融合の学位プログラムとなる。その後，「学環」なる名称は多くの大学で教育組織の改組に伴って用いられてきた。

学環という名称はさておき，将来の大学教育は，これまでのようなディシプリン（学術分野）をベースとする教育ではなく，予め育成する人材像を明確にした上で，身に付けさせたいコンピテンシー（competency：単なる知識や技術ではなく，それを適切に使いこなす能力のこと）を明確にした，学修者本位の教育に転換していくこととなろう。そのような学位プログラムは，

6　東京大学大学院情報学環・学際情報学府のウェブサイトでの説明。
URL：https://www.iii.u-tokyo.ac.jp/about/iii

独自の「入学者受入れの方針（アドミッション・ポリシー）」,「教育課程編成・実施の方針（カリキュラム・ポリシー）」,「学位授与の方針（ディプロマ・ポリシー）」を持つことになる。

これまでの大学アドミッションセンターは，前期・後期日程一般選抜を軸に，学校推薦型選抜や総合型選抜などで，高校を卒業した18歳をターゲットとして，以下の業務を行うことであった（本書第1章参照)。

（1）受験希望者の確保のための主に高校への広報活動

（2）高校までの学習を前提とした入試制度の設計

（3）入試業務（作題と採点）の支援

（4）入学者の追跡調査分析（教育 IR)

しかしながら，今後はリカレント教育を含む学位プログラムが多数創設されるのに伴い，学位プログラム１つ１つに対して，以下のような業務が必要となるだろう。ここでは，既に社会に出た人たちが入学してほしいターゲットであると想定していただきたい。

（1）適切な入学者を得るための入試広報による入学希望者の発掘

学位プログラムでは，育成したい人材像に従い，教育プログラムに入学する学生が持つべき知識や素養が定義される。それを受けて，入学してほしい人たちのターゲットが決まる。その人たちを発掘するための入試広報が必要不可欠。

（2）どのような知識や能力をどのように測定するのかという入試制度の設計

受験者のこれまでの経歴をどのように評価するのか，履歴書を含む提出書類への審査，科目筆記試験，エッセイ（小論文)，口頭試問，実技試験などをどう課すのか，課さないのか，それらをどのように組み合わせるのか，などの検討。

（3）具体的入試業務の支援

（4）設計（期待）通りの選抜結果であったのかの入学者の追跡調査（教育 IR)

入学後の追跡調査に加え，教育課程修了後においても，学位プログラムが想定している人材像に適う人たちを輩出しているのかの評価・検証。評価方法の開発も含む。

（5）追跡調査結果に基づく入試制度の不断の修正作業

追跡調査の結果を受けて，学位プログラムをよりよく機能させるための広報活動や入試制度の不断の改善。

上記の項目は，これまでの業務と同じような表現となっているが，1つ1つの学位プログラムに対し，より丁寧な対応が求められることになろう。さらに言えば，学位プログラム設置段階における制度設計そのものにも，アドミッションセンターが深く関与することが期待されるのではなかろうか。

その意味では大学の類型でいえば，東北大学のような③に属する大学よりも，山形大学のような①に属する大学において，アドミッションセンターの役割はより重要になるはずである。しかしながら，①に属する大学は，③に属する大学に比して中・小規模であるので，アドミッションセンターに十分な人的リソースを割けないのも事実であろう。このような事情は理解しつつも，アドミッションセンターの役割はより大きなものになるであろうことも確かである。

◆◇◆

第6節　おわりに

筆者は，令和5年（2023年）5月17日（水）の午後に開催された第38回東北大学高等教育フォーラム「国立大学におけるアドミッションセンターの現在と将来――よりよい大学入試の実現に向けて――」に，主催者である東北大学入試センターより招待されて参加した。このフォーラムはまた，国立大学アドミッションセンター連絡会議20周年記念企画シンポジウムとも位置付けられていた。本稿はシンポジウム全体の議論を聞く中から，将来のアドミッションセンターの役割を，筆者なりに考えたことを記したものである。

本シンポジウムにおける東北大学倉元直樹教授の基調講演（本書第1章）によると，大学アドミッションセンターはその規模も活動内容も多様性があり，各大学においてそれぞれの大学特有の役割を担わされているとのことである。しかしながら，前節に述べたように，今後は，教育カリキュラムや教育組織が予め決まっている中での入試に関する活動から，さらに一歩踏み出した活動が重要なのかもしれない。すなわち，前節に述べているが表現を変えて言えば，求められる人材育成ための学位プログラムを教育組織とともに設計することが重要な任務となろう。具体的には，その学位プログラムに適切な入学候補者を発掘すること，さらにその学位プログラムに適する学生選抜方法を構築すること，そして入試の業務への支援，入学者の追跡調査をして入試制度全体にフィードバックをかけること，それぞれがアドミッションセンターの活動ではなかろうか。アドミッションセンターに，十分な人的リソースがない大学が多い中，このような活動を一律に期待することは，現在の状況では的外れかもしれないのだが，そう思わずにはおられない。

十分な背景知識がないまま，浅慮で拙い論考であるが，本稿が国立大学アドミッションセンターの今後の役割を考える上で，なにがしかの話題を与えることができるのであれば筆者の望外の喜びである。

最後に筆者にシンポジウムへの参加の機会と，本稿執筆の機会を与えてくださった東北大学入試センターの長濱裕幸センター長をはじめとする皆様方に厚く御礼申し上げる。

文　献

中央教育審議会（2017）．我が国の高等教育に関する将来構想について（諮問）　文部科学大臣 松野　博一　平成29年３月６日，28文科高第1030号　中央教育審議会 Retrieved from https://www.mext.go.jp/b_menu/shingi/chukyo/chukyo0/toushin/1383080.htm（2024年２月７日）

中央教育審議会（2018）．2040年に向けた高等教育のグランドデザイン（答申）　平成30年11月26日，本文 p.59，同参考資料集 p.14　中央教育審議会　Retrieved from https://www.mext.go.jp/b_menu/shingi/chukyo/chukyo0/toushin/1411360.htm（2024年２月７日）

中央教育審議会（2022）．生涯学習分科会 第11期中央教育審議会生涯学習分科会における議論の整理 ～全ての人のウェルビーイングを実現する，共に学び支えあう生涯学習・社会教育に向けて～　2021年８月，p.22　中央教育審議会　Retrieved from https://www.mext.go.jp/b_menu/shingi/chukyo/chukyo2/toushin/mext_00243.html（2024年２月７日）

科学技術・学術政策研究所（2023）．科学技術指標2022．2023年８月８日公表　科学技術・学術政策研究所　Retrieved from https://nistep.repo.nii.ac.jp/records/2000006（2024年２月７日）

厚生労働省（2023）．令和４年（2022）人口動態月報年計（概数）の概況　厚生労働省　Retrieved from https://www.mhlw.go.jp/toukei/saikin/hw/jinkou/geppo/nengai22/index.html（2024年２月７日）

文部科学省科学技術・学術政策局（2021）．アントレプレナーシップ教育の現状につ

いて．2021年７月30日，第２回科学技術・学術審議会産業連携・地域振興部会 資料1，p.26　文部科学省　Retrieved from https://www.mext.go.jp/content/20210728-mxt_sanchi01-000017123_1.pdf（2024年２月７日）
内閣府（2021）．「選択する未来2.0」報告　2021年６月４日，本文 p.48，同参考資料 p.115　内閣府　Retrieved from https://www5.cao.go.jp/keizai2/keizai-syakai/future2/kaisai.pdf（2024年２月７日）
OECD（2017）．Education at a Glance 2017．Retrieved from https://www.oecd-ilibrary.org/education/education-at-a-glance-2017_eag-2017-en（2024年２月７日）
PwC コンサルティング合同会社（2023）．大学等におけるリカレント教育の持続可能な運営モデルの開発・実施に向けたガイドライン（詳細版）　2023年３月，p.143　文部科学省　Retrieved from https://www.mext.go.jp/content/20230328-mxt_syogai03-000013335_2.pdf（2024年２月７日）
政府統計の総合窓口（e-Stat），(2022)．令和４年度学校基本調査　政府統計の総合窓口「e-stat」　Retrieved from https://www.e-stat.go.jp/stat-search/files?page= 1 &toukei=00400001&tstat= 000001011528（2024年２月７日）
総務省（2023）．人口推計2022年（令和４年）10月１日現在　総務省　Retrieved from https://www.stat.go.jp/data/jinsui/2022np/index.html（2024年２月７日）

第8章

討議――パネルディスカッション――

第8章として，令和5年（2023年）5月17日に開催された第38回東北大学高等教育フォーラム「国立大学におけるアドミッションセンターの現在と未来――よりよい大学入試の実現を目指して――」において行われた「討議――パネルディスカッション――」の模様を収載した。パネラーは，フォーラムの講演者であり，第1章，第5章，第6章の著者にもう1名，指定討論者として出口毅氏（山形大学理事・副学長）が加わった4名の構成である。司会は本書の第3章の著者である宮本友弘氏（東北大学）と西郡大氏（佐賀大学アドミッションセンター教授）が担当した。

フォーラムでは，例年と同様に，参加者（来場参加者実質89名，オンライン参加申込者366名）にあらかじめウェブサイトのページのURLを案内し，各講演者に対する質問や意見を記入してもらった。討議には，一部，ウェブに寄せられた質問や意見にパネラーがコメントする部分も含まれている。本

第38回東北大学高等教育フォーラム（新時代の大学教育を考える[20]）／
国立大学アドミッションセンター連絡会議20周年記念企画シンポジウム

教育関係共同利用拠点提供プログラム 高等教育論L-01

国立大学における アドミッションセンターの 現在と将来

よりよい大学入試の実現を目指して

2023年5.17［水曜日］

［時間］13:00〜17:00（受付開始 12:00）
［会場］◯東北大学百周年記念会館 川内萩ホール
◯来場参加
◯オンライン配信（同時配信）
［共催］◯東北大学高度教養教育・学生支援機構
◯国立大学アドミッションセンター連絡会議

プログラム

［ 開 会 ］	開会の辞 大野 英男／東北大学総長 会長挨拶 長濱 裕幸／東北大学副理事・国立大学アドミッションセンター連絡会議会長 来賓挨拶 平野 博紀 氏／文部科学省高等教育局大学教育・入試課大学入試室長
［基調講演］	国立大学アドミッションセンター連絡会議20年の歩みと今後の展望 倉元 直樹／東北大学教授・国立大学アドミッションセンター連絡会議事務局長
［現状報告 1］	私立大学における入試研究の課題―国公私を横断する入試研究への期待― 福島 真司 氏／大正大学教授
［現状報告 2］	高等学校から見た高大連携と大学入試 齋藤 郁子 氏／青森県立弘前中央高等学校校長
［ 討 議 ］	指定討論 出口 毅 氏／山形大学理事・副学長
［ 閉 会 ］	閉会の辞 滝澤 博胤／東北大学理事

お申し込み・お問い合わせ
東北大学高度教養教育・学生支援機構
[mail]forum38@ihe.tohoku.ac.jp [web]www.ihe.tohoku.ac.jp

[お申し込みサイト]
こちらのQRコードから
お申し込みできます▶

章を読むにあたり，講演内容に基づいて執筆された上記の章をあらかじめご一読いただければ幸いである。

司会	宮本　友弘	（東北大学高度教養教育・学生支援機構教授）
	西郡　大	（佐賀大学アドミッションセンター長）
パネラー	倉元　直樹	（東北大学高度教養教育・学生支援機構教授）
	福島　真司	（大正大学地域創生学部教授）
	齋藤　郁子	（青森県立弘前中央高等学校校長）
指定討論者	出口　毅	（山形大学理事・副学長）

（所属・肩書は開催当時）

宮本友弘教授（司会）：

それでは，これから討議に入らせていただきます。討議の司会を担当します。東北大学の宮本と申します。

西郡大教授（司会）：

同じく，討議の司会を担当します。佐賀大学の西郡と申します。よろしくお願いいたします。

宮本友弘教授（司会）：

倉元先生，福島先生，齋藤先生，ご発表ありがとうございました。これから先生方の発表を軸に討議を進めます。

本日は例年と少し趣向が違っておりまして，指定討論者として山形大学理事・副学長の出口先生をお招きしております。まずは出口先生から口火を切っていただきたいと思います。よろしくお願いします。

出口毅理事：

ご紹介にあずかりました山形大学の出口です。現在，入学試験も担当しております。特に昨年から東北大学のアドミッション関係の先生方に本学においでいただき，情報交換の機会がございました。それがご縁で今回シンポジウムに参加させていただきました。

まずは，今回，対面ということもあって，3人の先生の熱量が非常に伝わるご講演，ご報告だったと思います。私から，全体を通してコメントさせていただき，さらにお尋ねしたいところに触れてまいります。

本学は，福島先生のご講演にもありましたように，エンロールメント・マネジメント（いわゆるEM，以下，EMと表記する）を中心に入試の部署を構成しています。ただ，本学は分散キャンパスという事情もあり，これまでどちらかというと学部単位の入試を中心に実施してきたので，センター的な役割の自覚は，あまり持っていないかもしれません。

今回のテーマは，「国立大学におけるアドミッションセンターの現在と将来――よりよい大学入試の実現を目指して――」ということで，非常に前向きなテーマでポジティブな議論になるのかと思っていましたが，倉元先生から「発展的解消」とか，そうではない言葉が飛び交って，少し衝撃的な部分もございました。ここまで3人の先生を通して感じたところのキーワードは「関係性」でした。

1番目は，まず倉元先生の基調講演のところで，センター間，あるいは国立の大学間の関係というものを整理していただきました。分けることによって非常に分かりやすくなったと思ったところです。本学もご指摘の一大学として入っているということで言いますと，今後の見通しは「現状維持」，あるいは実際に触れられたとおり，入試の部門をどうしていったらいいのか，考える時期に来ていると思っております。

このセンターの在り方について，一つは機能，もう一つは組織という二つの視点から分類をされたわけですが，全機能を持った一つの組織が一大学にあるのであれば理想的なセンターになり，機能別の部門を持った大きなセンターができるのだろうと思いました。さらに，大学の組織的課題に応じて特定機能に特化させたセンター等，実際にはいろいろな類型があるのだろうと思い描くことができました。自大学と他大学を比較しながら，今後，本学がどのような部分を維持したり強めていったりしたらいいのか，ということを考えさせられたのが1点目でございます。

2点目は，福島先生のご講演でも「共創」，共に創っていくという言葉が出されましたが，大学間の関係という点で連絡会議に加盟している大学が今後どういう姿になっていくのかというと，切磋琢磨しながらそれぞれの特徴を出し，よりよい大学入試を目指していくという点では，「共創」は疑いもない理念だと思います。発展的解消という言葉もありましたが，「共創」，共に創っていくということで何ができるのか。あるいは協働するところがあるのか，センターの価値，あるいは意義といったものがどういうところなのか，20周年目に確認しながら進んでいく必要があるのだろうということを2点目，強く感じたところです。

3点目は，答はないのでしょうが，問題提起としてあった「発展的解消」という言葉が何を意味するかは，ぜひ議論の中で考えていくべきだろうと思いました。倉元先生自身のお考えも含めて，いろんな大学からのご意見でさらに議論を深めていきたいと思いました。

それから，4点目になりますが感想です。専任教員のところで他大学の例も含めて組織のつくり方が非常に参考になり，専任教員に求められる資質・能力・経験とは何なのか，気になったところです。と言うのも，卑近な例ですが，本学のEM部には2人の教員がおりますが，今年度一杯で定年です。今後こういったセンター機能を担う専任教員について，国立でも人材育成機能がないことを考えると，大学としてはどういう方を配置すべきなのか，気になったところでした。齋藤先生のお話にもありましたが，大学教員の入試に対する向かい方は様々で，大学の特徴的な部分です。本学はバランスを考えて，一人は研究者の教員，もう一人は高校で進路関係を長らく経験された方を採用してきたのですが，今後，本学にないものも含めて，様々な機能の中でどのような形でセンターの機能に合う組織をつくり，人を配置していったらよいか，私の立場からは気になった部分でした。

それから，関係性ということでは，福島先生のご報告でいうと，大学間の関係性ということにおいては，国立だけでいいのかという問題提起があったと思います。国公私立，見えない壁を越えてどのような形で入試の関係性というのを築いていったらいいのか，社会的変化を踏まえると避けて通れない問題なのかなと思いました。本学は地方国立大学ですので，非常に人口減少が激しい中でどの大学も生き残りをかけて切磋琢磨していく中，共に創っていく，地域の課題を克服していくという点では入試においても一致すべきところはあるのかなと感じました。また，高校生，家庭の観点からどのような関係を築いていったらいいのかは考えさせられたところで，さらに，もし福島先生のお考えがあればお聞きしたいと思いましたし，私どもも意見を持ちながら，一緒に議論していくタイミングなのかなと思ったところです。

さらに高校の立場から大学入試に対峙する齋藤先生のお話を聞きました。直接，AO入試（総合型選抜）に対する大学教員の偏った見方や高校の現状を踏まえない一方的な言動について，先生からまくしたてられたら迫力があって私は負けそうだな，と思いながら聞いておりました。齋藤先生のご指摘はもっともだと思うところがあり，お話に出てきた大学側の意見というのが，我が大学の教員でなければいいなと思って聞いておりました。正直言うと，そういう意見があるのも確かかなと思ったところです。そうすると，高校，大学にとって入試の目的というよりは意義をもう一回考えていくこと，高大接続という問題もあるのでお互いがそこを別のものとして考えずに，送る側と受け入れる側という関係ではなくこれからの人材育成も含めて考えると，一緒になって何ができるのかな，と。私の立場からは高校との関係性がとても気になったところです。例えば，先生方の勉強会とか，大学の先生をお呼びしたり，倉元先生をお呼びしたりしているというところで，具体的にどんな話題になって何が変わったのかといったことが分かれば，大学も変わっていけるのかなと思ってお聞きしました。そういったところも教えていただければ，と思ったところです。

10分ぐらいになりました。最初にまず，こんなところを私からの発言とさせていただきます。ありがとうございました。

宮本友弘教授（司会）：

ありがとうございました。

関係性ということをキーワードに，それぞれの先生方に質問がありました。まず，倉元先生からお願いできますでしょうか。感想を含めて4点ほどご質問があったと思うのですが，それについてお願いいたします。

倉元直樹教授：

ご質問をきちんと認識できているか，あまり自信がないですが，まずは，様々な機能を持つ巨大なセンターがあればいいのですが，というお話でしたね。これまではそれぞれの大学が自分たちの「常識」で進めてきたのが現実です。今回，初めて整理ができたと私は思っています。その中で，実際には大学のリソースは限られていますから，どの程度のリソースを割くかという判断はそれぞれ変わってくるだろうと思います。

ただ，その先に，入試をどう位置づけるのかという「哲学」があるので，そういった中では，「発展的解消」という言葉は少し強かったかもしれませんが，「国立大学アドミッションセンター連絡会議」という枠がこのままでいいのかという疑問は持っています。事務局を引き受けるときに覚悟したのは「このままだと自然消滅する」という認識でした。それでもいいかとも思ったのですが，講演でも申し上げました通り，公的な性格を帯びた組織なのです。文部科学省からわざわざ足を運んで来ていただくような。そういう立場で無責任なことはできないですよね。そうすると，発展的に次の段階に持っていく必要があるということで，情報を提示して，各大学がその情報を基に先を選択していけるような機会としたかったし，今回，できたと思っています。そういった意味では，公立大学，私立大学も含め，国立という枠を超えた中で入試の意義に関して同じように大事に考えている大学とは，もう少し連携を深めていく場があってもいいのではないと考えています。

これで三つお答えしたつもりですが，最後は専任教員ですね。大学が何を求めるかということですが，今まで採用されてきて，いろんな評価があると思います。アドミッションセンターが発展する可能性があるかどうかは大学の期待に応えられているのかどうかなので，大学の期待が何だったのかということによるわけですが，「分析なしの入試広報」，「研究なしの入試設計」というのは，今後は難しいと思っています。どういう人材が求められるかは，いろんな場で具体的にお話していく必要があると思うのですが，私自身としては，自らの大学でも努力するけれども，公に必要性を意識していただいて，アドミッション人材の育成機能のミッションと裏付けになるような予算がいただけると，大学間の壁を超えて考えていけるのではないかと思うところです。

宮本友弘教授（司会）：

ありがとうございました。

先生が仰るように，今回の分析で初めて整理ができ，それを契機にセンターの価値，意義を考えていく上で，どうしても哲学も考えていかなければならないわけですよね。発展的解消に関することと，どういう人材が必要なのか，組織づくりも含めて，本フォーラムのテーマにもある「将来」については後半で議論を深めさせていただきたいと思います。

続いて，福島先生，２点ご質問があったと思います。よろしくお願いいたします。国立だけでよいのかということと，地域的な問題との２点です。私が聞き逃していたら，プラスしてお話しいただければと思います。

福島真司教授：

ありがとうございます。

連携についてですが，現実には難しいこともたくさんあると思います。私立大学の場合，どうしても経営の側面があります。私立大学は数も多いですし，一枚岩ではありません。例えば，大学団体は私大連と私大協で分かれています。私大連には名立たる大大学が入っていて，私大協には地方大学も多いので，定員管理厳格化のときも利害は分かれました。大学団体の入試担当の代表は，国大協の入試委員会のようにどのような声明を出すかという問題もあります。また，私立は入試では競合関係にもあるので，お互いに情報交換しながら切磋琢磨ということがあり得るのかという大きな問題もあります。

国立大学のアドミッションセンター連絡会議の中にいきなり私立が入るのも，なかなかすぐには難しい。私も連絡会議の当初のメンバーで，国立大学の中でしか相談できない諸事を相談することもありましたので，組織内にレイヤーもいくつか必要だと思います。いずれにしても，地域課題による連携と重なる部分ですが，国も設置形態を超えた合従連衡をほのめかすといいますか，私が入っている大学設置審の特別専門部会でも，「実際に学生が集まらなかったらどうするのだ」ということで，リスクシナリオを書かせています。実際に集まらないケースもありますが，集まらない場合に，近隣の大学と合併するということもいずれ出てくるでしょう。

思ったより早かったのは改正私大法ですね。ゴールデンウィーク明けだなと思っていたら，ゴールデンウィーク前に衆議院を通って，５月８日公布になって，令和７年（2025年）からになりますが，ガバナンス改革をしっかり行うという風潮の中，今後20年，30年で複数の合従連衡が起こるでしょう。

企業もそうですが，買ったはいいが粉飾決算で中はボロボロで，買った企業側の屋台骨を揺るがされるようなことはあることだと思います。だから，買う側，売る側のガバナンスをしっかりしないと合従連衡に大きなリスクが発生します。

もう一つ，キャッシュリッチな大学がキャッシュがあるから買おうかと手を出しても，地方の大学経営は東京ほど簡単ではありません。こう言うと東京の大学の人は怒るかもしれませんが，学生募集一つ取っても地方では構造的な問題があります。頑張れば集まるという状況とは全く違います。地方の大学を買ったはいいが，これはたまらん，3年ぐらいで手放す…。そんなことになると大変ですから，大学のガバナンスをしっかりして，覚悟を決めて中長期の経営を考え，合従連衡を進めて日本の大学全体の活力を保つ，そういうことが必要になると思います。

現在ではまだ「国私連携」といったことは本当に有り得るのかという感じかもしれませんが，そのうち起こってくることです。そのときになって慌てて，私立は…，国立は…といった話ではなく，今から情報交換して互いの知見を交換することは大切です。東京はまだ人が集まるモデルですからライバル関係で競争するでいいのですが，地方では一つも潰さないという協働の中で地域の大学の魅力を高めていくことが大事だと思います。

宮本友弘教授（司会）：

ありがとうございました。

続いて，齋藤先生，よろしくお願いいたします。

齋藤郁子校長：

先ほど，大学の先生からAOの子は駄目だと言われた，という話をしました。補足すると，理系の子ですが，生徒がオープンキャンパスから帰って来て理科の先生にあの話をしました。その先生が私のところに話を持って来ました。私はいつも怒っているので「何だ，話にならん，すぐ大学に電話する」と言ったら，皆さんから止められました。そのとき，その先生から「校長，表向きで聞いたら，そんなの，うんって言うわけないじゃないですか。でも，それが本音なんですよ。それが実情だということを校長はちゃんと分かるべきだ」と言われて。言い返せなかったのです。それが本音だとすれば良くない入試だし，育ててくれない大学には行かせたくないなと私は感じたわけです。ここにいらしている方たちは入試をよく分かっていらっしゃる方なのでそんなことは仰らないわけですが，でも，私の隣にいる人もそう考えているんだろうかと，私の中では悶々とした話だったので，紹介させていただきました。

もう一つ，勉強会の話が出たかと思うのですが，西郡先生に来ていただきました。西郡先生に「入試とは」というテーマで，大学がどうやって入試を設計しているかを青森県の先生方が勉強するために来ていただいたり，予備校に，今，入試がどうなっているのかを話してもらったりしています。私どもの勉強会は，そのときに皆が聞きたいテーマで，お願いして来ていただいています。私的な勉強会なので，皆でお金を出し合って，謝金もあまりないのに何とか来ていただくような形です。

進学校以外の先生方は進学の情報を受け取れる機会があまり多くない気がするのですが，勉強会の中でよかったことは，皆で共有しながら，皆が何を疑問に思っているのか，県内の皆が進んでいけばいいのかを考えられる機会だと思っています。そんなところでよろしいでしょうか。

宮本友弘教授（司会）：

ありがとうございました。

今の 3 人の先生方のお答えを聞いて，出口先生，いかがですか。

出口毅理事：

それぞれお答えいただき，ありがとうございました。いろいろ考えるところがございました。まず，大学の先生お二人のお話から考えたことでは，ここに来てよかったと思うことがあります。本学工学部の一般選抜前期日程で定員割れが今回生じました。予想もしなかったことです。これだけ早く割れるのかという思いでした。特に有機化学・バイオ系というと，本学の特色を出している部分での定員割れで，今，分析しているところです。東北大学からお出でいただいて情報交換しているとき，本音で言うとうちと東北大学じゃ違うよな，という思いがありました。1 年前だったらあまり考えなかったかもしれませんが，そのときに思ったのは，全国的に工学系のこの分野が弱くなってきているのでは，という視点から考える必要があるかも，ということでした。二次募集ではかなり志願者があって定員は満たされたわけですが，今，日本中でこの分野での人材育成がどうなっているのか，と門外漢ながら考えました。高校側でもそれをどう思っているのか気になりました。そういった意味では東北大学にお声がけしていただき，山形県内の進学校対象に年２回研究会的なことを行いましたが，三つのポリシーから始まって我々にとって非常に実り多い内容をご質問，ご要望いただき，取り組みの良さを実感しています。最初，規模からいうと本学は東北大学とは全く違うと思っていたところが，この１，２年でかなり変わってきて，一緒にできる部分があるのではないかという思いが出てきたのが正直なところです。

それに加えて福島先生のお話にもありましたが，地域の進学率の問題は山形で大きなテーマになっています。本学は地方国立でありながら山形県内からの入学者は23％ぐらいで，この２年，宮城県からの入学者が山形を超えている状況です。山形においでいただくと分かるのですが，朝の時間は大学近くのバス停には10～20分おきに仙台からのバスが来て，かなり多くの学生が通学する様子が見られるわけです。

そういったことを考えると，地域の中でどう連携していくかは目前の課題ですし，長期的に考えていかなければならない問題です。今日のお話をもう一度思い出し，しっかり考えたいと思います。そこでは高校側がどう考えておられるのか。山形の状況は，選抜が機能をせずに定員割れが続いていくのが公立高校の特徴になっています。そういった状況で我々がこれからどうお付き合いしていけば良いのか考えることが多い中でこういう機会をいただいて，これまでのお話を聞きながら少しアイデアをいただけたかなと思います。ありがとうございます。

西郡大教授（司会）：

ありがとうございました。

ここからは指定討論から少し離れて，司会から指定討論者の出口先生も含めて問いを投げかけてみたいと思います。

私は地方国立大学，佐賀大学に所属しています。地方国立大学と東北大学のような旧帝大を中心とする大学のアドミッションセンターでは，目標や方向性は違っていると思います。国立，公立，私立でも違いはかなり大きなものだと思います。ここでは焦点を絞って，地方国立大学に注目して福島先生と出口先生にお伺いしたいことがあります。

まず，福島先生に。地方国立大学の鳥取大学のアドミッションセンターから山形大学のアドミッションセンターではなくてEMやIRを主とする部署に異動された経歴があります。また，今，私立大学で勤務されている経験を踏まえて，地方国立大学のアドミッションセンターの組織のあり方などに何かフィードバックできることがありましたら，ご意見をいただきたいと思います。また，同質でない場合はケースの多様さが重要になるというお話がありました。特にボリュームゾーンとかマージナル層などを対象とした研究を今後増やしていくことは，ケースの多様さに対する研究につながっていくと思うのですが，私立大学の入試研究は少ないというお話でした。そこで，私立大学の入試研究が少ない理由，例えば，外部に出しにくいとか，人材配置の難しさなど，そういった背景などがあればお聞きしたいと思います。

出口先生は，地方国立大学の教育担当の理事・副学長として入試業務に関わっておられます。責任者としてアドミッションセンターなどの専門的な組織にどのようなことを期待するのか，現在抱えている課題などがあれば，率直なご意見をいただければと思います。

まず，福島先生，お願いいたします。

福島真司教授：

ありがとうございます。

山形を離れて一定程度年数が経っていることと，東京のマーケットは地方とは全然違う理屈で動いていますので，そんなフェーズは地方では終わっていると言われたら困るのですが，今日の中心的なテーマであり，皆様の講演にも出てきた高大連携，高大接続という形には，いろいろなご意見はあると思うのですが，アドミッションセンター自体が教育の機能を持つ，そういう展開が次じゃないかと思います。

例えば，高校の模擬授業には学部の先生，研究で有名な先生を呼びたいということがあるかもしれません。しかし，なかなか忙しくてマッチしないこともあると思います。アドミッションセンター自体に委員会方式か兼務かは分かりませんが，高校に対応することを仕事として持っている先生を置いて，総合的学習や探究の授業に関する相談に乗る。本学ではこういう協力ができますとか，あの学部にはこういう先生がいるとか，相談にも乗ります。「今回は，どこの学部も無理です」となったとき，アドミッションセンターも入試で忙しいかもしれませんが，模擬授業など高大接続の教育ができる。人なのか，組織的なシステムなのか分かりませんが，そういう機能が地方の大学には必要だと思っていました。

選抜の議論だけだと，先ほど出口先生が仰った1.0倍を切ると，どんな入試をするかとか，入試でどんな工夫をするかということは意味を失うこともあります。それよりもマッチングです。マッチングをしっかりする。最後は理想的には1倍入試でいいんじゃないかと思います。倍率が高い入試の方が良いみたいな，10万人志願者を集めたとか，そんな話が大学の価値を表しているように語られますが，それは必要ないですね。定員が1であれば，そこにマッチした1が来ればいいわけです。コストもかかると思いますが，地方はそういう丁寧なマッチングをやっていかないと，きらびやかなところにどんどん，どんどん人が取られていくと懸念します。

東京にふわっと行って帰ってこないのが一番怖い。「東京でやるんだ」という人は東京に行けばいいのですが，何となくふわっと行って帰らない方が東京にはたくさんいます。地元に帰りたいが仕事もないしどうしよう，という感じですね。それでそのまま一生いる人も意外と大勢いる。帰りたいけれども帰れない。今さら帰っても誰も知らないとか，そういう人も大勢いて，実は帰りたい人は結構いるんですよね。ふわっと来てそのまま東京というのはまずいと思います。地方だからこそ，そこにコストをかけてマッチングをしっかりやるべきです。

それから，私立が主体的に入試研究を行うことは難しいですね。高大接続事業などは私大でもたくさんやっています。桜美林大学に至っては，高大接続自体を学群にするような設置も行っています。そういう事例はたくさんあって，桜美林は選抜性が高い方ですが，選抜性が低い大学でもたくさんのいろいろなチャレンジをするケースがある。ですが，一般的には，有名大学がやれば，皆注目して「すばらしい」と専門的な雑誌にも載るのですが，知っている側からすると，そんな大学がやっていることよりも，定員割れして喘いでいるこの短大がやっていることの方が本当に良いことをやっているということもあるのですが，そこは注目されない，全く。でも，こういう研究会とか学会でケースとして出てくれば，「そんなことまでやっているんですか」とか，「そこでどういうことが起こっていますか」という質問につながることもある。

私大では職員が入試実施を行っている場合もあって，アドミッションセンターにも研究者がいないところがほとんどです。研究はしないのですが，事例として出てくるとすごく良いという評価につながることもあると思います。職員に「あれをまとめてみませんか」とか，「この取組はすごく良いから手伝うのでまとめませんか」とか，引き出すのは難しいのですが，ケースはたくさんあります。本当に困っている大学ほど必死でやっています。先生方も，入った学生をどう満足させて，就職まで持っていって自己実現してもらうか，必死でやっています。そういうものがもっと出てくることがいろんな大学にとってすごくいい刺激になると思います。評判がいい大学がやっていることが良いのではなくて，良いことをやっている大学が良いのだということが客観的に見られるようになると良い気がします。ちょっと回答がずれたかもしれません。

西郡大教授（司会）：

ありがとうございました。

今のお話を聞いて，教育機能が非常に重要だというところにケースの多様さが参考になれば，我々も有効に使えるのではないかと思いました。

では，出口先生，お願いいたします。

出口毅理事：

地方国立大学で理事をして4年目です。1年目はまさにコロナ禍に入っていった時期で，本学はキャンパスが4つある自立分散型キャンパスですから，この時期までは学部にかなり権限を委譲して，入試も学部単位で企画から実施までやってきました。入試について何か言うと，教授会で決めたことに何で口を出すんだ，という感じだったと思います。しかし，徐々に入試に向けてコロナの影響が強くなってくるにつれて雰囲気が変わってきて，本部で決めてほしいということが多くなってきたと感じます。ここ3年はそういう傾向が見られたと思います。

その後，キャンパスが分散しているとはいえ，本部のマネジメントを強めないといけないということで改革を進め，教育推進機構などを作りました。ただ，入試は教育推進機構に入らなかったのです。私が課題と思うのは，その中で入試戦略をどう策定していくのか，私の立場では非常に悩ましい問題です。改革を進めていくときに，これまではどちらかというと学部任せで済んでいたわけですが，全学的な方向を立てるというときにどうすればいいのかが，悩ましい課題になっています。

理事特別補佐という制度があります。この間，入試を補佐する先生に就いていただきました。いろいろご相談できるのは，センター的な要素と重なる部分があると思います。ややもすると，急激に18歳人口が減少していく中で，学部が目の前の学生獲得だけに目がいってしまうのも地方国立大学の宿命です。ただ，それも大事ですが，やはり長期的な入試戦略を持つことが重要です。先ほど倉元先生から哲学という言葉が出てきましたが，これからどのように人材育成していくのかという視点も交えながら入試を考えていかなければならない。そのためにセンターが持っている先ほどの機能で注目するものがいくつか出てくると思います。EM部という事務組織に教員がついています。事務職員は実施については非常に長けていますが，戦略，哲学ということになると，研究者も含めた大学教員の活躍する場が必要になってくると思うので，そこを地方国立大学はどのように人材抜擢していくのか，どのように採用して配置していくのかは，今日のセンターの話題とも重なる部分と思います。

これまで本学では意思決定に関わることは，学部長中心，研究科長中心で決めてきました。そこに対して知恵や知識を持った教員がいることによって変わってくるのかな，と考えているところです。先ほど，どういう人員を配置していったらいいのかという質問をさせていただいた背景がそこにございます。長くなりました。

西郡大教授（司会）：

ありがとうございました。

宮本友弘教授（司会）：

先ほどの出口先生の指定討論でも触れられましたが，私からは倉元先生と齋藤先生に高校と大学との関係性をお聞きしたいと思います。一緒に入試の意義を考えていくことの重要性の指摘があったと思います。齋藤先生のスライドでも何度か倉元先生のお名前が出てきて，高校に行っていろいろ勉強会に参加されたりしています。東北大学の実際の入試を考える上で，倉元先生のスタンスとして高校の声を聞いていますが，そのあたりの重要性，特にアドミッションセンターの機能として，高校の声をどう拾い上げるか，お話をいただければと思います。

大学入試の三原則の一つでもあるのですが，入試が高校教育に悪影響を及ぼしてはいけないという観点も昔から言われています。齋藤先生からは，東北大学の姿勢とかやり方を踏まえて，何かご意見があれば伺いたいと思います。では，倉元先生，お願いします。

倉元直樹教授：

今回整理した中でも，「入試広報」，「高大連携」，「学生募集」…これらは同じことを言っているようでいながら，実は少しずつスタンスが違うと思っていますが，…これが大事なミッションであるということが示されました。東北大学では「アドミッションセンター」という名称で組織ができて，そこから今の「入試センター」に改組されたのですが，最初はAO入試の部署でした。今は学部入試全般を扱います。一貫して，東北大学に良い学生を獲得するために高校が快く送り出してくれる環境を作ることに取り組んできました。

ただ，これは「東北大学のために」という目的が一番にあるわけです。先ほど齋藤先生から「アウトリーチプログラム」の話が出ましたが，懐かしいです。年1回，青森では6回実施しました。大学入試センターからリスニングの機器を借りて，西郡先生には3回登壇していただきました。大学教員の講演のうち，リスニングに絡む講演は私が担当して，それを含めて3本の講演を高校生にお聞きいただくといった内容でした。

例えば「それは良い企画だから東京でやってください」と言われても，やらないと思います。なぜか。それは，東北大学は東北にあるから東北大学なのです。東北地方の教育全体を底上げすることが大学のためでもある。だから，当時，大学の理解があったこともあり，東北大学の入試とは関係なく，それぞれの地域に根差したテーマを選んで講演会を設定していました。「地元って何だろう？」というタイトルも，弘前の高校の先生方と話し合って決めました。弘前という地域は自立している。そこで一生を終えられると思っている親子は多いが，この先，人口減少で弘前は消滅可能性都市に入っている。外に目を向けさせたい…。では，逆に「地元って何だろう？」と投げかけて考えてもらおう，という流れでした。そんな感じで一緒にやってきたという感覚があります。

先ほどの出口先生のお話にもあったのですが，東北大学も東北地方出身者の占める割合がどんどん減っています。今年は前期日程で宮城県出身者よりも東京の出身者の方が多かったと，地元で話題になりました。ただ，本当に深刻なのは宮城県よりも周辺の県です。秋田県や岩手県では今まで見たことがないような状況に陥っている。その中で，なぜか青森県はずっと合格者数を保っているのですね。アウトリーチプログラムの結果かどうかは分からないのですが。かつて，青森は東北 6 県の中で下から数えた方が早い時期もあったと思うのですが，今は東北大学の合格者数が宮城県に次いで東北地方で 2 番目です。それを狙っていたわけではないのですが，もしも「アウトリーチプログラム」が今の状況にある程度つながったとすれば，結果的に学生獲得にも結びついている。ただ，これはある程度長くやらなければいけない。やみくもに「学生ください」と言っても駄目なんです。短期的な利益を追求しても無理です。「哲学」という言葉を使うとすれば，それが我々の哲学だとは思います。

宮本友弘教授（司会）：

ありがとうございました。では，齋藤先生，お願いいたします。

齋藤郁子校長：

今，倉元先生が仰ったことがすべてかなと思います。この間の勉強会でも，東北大学を受験していく意義を一緒に考えましょうと話しました。その先には東北大学への信頼感があるのだと思っています。そして，今，東北大学の入試設計の中で，総合型から出願をしていくことが学力にもつながっている，それは実感です。AO か一般かではなくて，受験で学力が伸びていくという入試設計はさすがだなと思っています。

先ほどの講演でも触れましたが，地方国立大学ではなく，東北大学がわざわざ青森県の各地で講演を主催してくださったことについては，先生方の中に長い時間をかけて信頼が培われてきているのではないかと，じわっと思います。先ほども触れましたが，アウトリーチをやったから受験生が増えることは多分なかったと思うのですが，教育への信頼感というのはそういうものなのかなと感じているところです。私見ですが。

宮本友弘教授（司会）：

対面で話し合うことの重要性がきっとあるのだなと思います。

西郡大教授（司会）：

ここからは会場，そしてウェブ参加者の質問についてお答えいただこうと思います。時間の関係でまずは 1 人 1 問ずつ聞きたいと思います。

報告の逆順でお聞きします。齋藤先生に質問が来ています。「高大連携，特に探究活動の窓口をアドミッションセンターでというご提案がありましたが，例えば弘前大学ではアドミッションセンターではなく，業務課で高大連携関連事業として，出張講義や大学見学等の受付がなされているようです。問合せは学部ごとのようですが。勤務先の大学でもほぼ同じような状況にあるのですが，どのような形が高校にとって望ましいのか，ご教示いただけますと幸いです」ということです。

齋藤郁子校長：

実は，私が発表する前に倉元先生のお話を聞いて，「大学のアドミッションセンターってそんなに人がいないんだ」と思って，正直に言うとこんな提案をしてはいけなかったと思いました。アドミッションセンターを窓口にという理由は，総合大学等ではバラバラと特定の先生に「先生，こういう研究していらっしゃるので，ぜひ教えてください」と生徒が直接アプローチして大丈夫かと心配になります。窓口になってさばいてくださるところがあれば一番いいのではないかなと思いますが，生徒や私たちが問合せするところは，教務や学務ではないような気がして，こういう提案を出してみました。

ただ，実際問題として，専任が１人もいないという例を聞いて，無理なことを言ってしまったというのが正直なところです。本音を言えば，そういうセクションがあって，「そういうことだったら農学部のこの先生がいいですよ」みたいな相談ができたら，高校としてはありがたい。大学も特定の先生にバラバラと電話が来るようなことはないんじゃないかなというくらいで考えておりました。以上です。

西郡大教授（司会）：

ありがとうございます。実は佐賀大学はアドミッションセンターに窓口を一元化していますが，かなり大変な処理になっています。佐賀は高校が少ないのでいいのですが。ありがとうございました。

では，福島先生にお伺いします。「東京でもかつての名門女子大学が閉鎖されるなど，少子化の波は想像以上に深刻な流れとなっています。学問の質を維持しながら多様な受験生を受け入れ，大学としての教育を充実させていくために，地方の高校の教育のあり方も問われると感じました。ただ地方も少子化で，高校入試のレベルも入学者の質も低下している中，維持自体が苦しい学校もあります。この状況について先生のお考えをお願いいたします」ということです。

福島真司教授：

ありがとうございます。その状況は大変深刻な状況ですので，求められている「お考え」が課題解決だったら，簡単ではないと言うしかないですね。そうですね，例えば最近の話題になった名門女子大や女子短大の廃止など，できることはまだまだあったはずです。高校が一流なので，高校のブランドに傷がつかない前に閉じたということですが，財務状況を見てもそれほど悲惨な状況ではなかった。この段階でやめていいのかなという思いはありました。

様々な考えや意見はあるかと思いますが，学校には卒業生もいますし，社会にそういう卒業生を輩出して貢献してきたわけです。あとは，教員のナレッジとか，学生同士のつながりとか，先輩後輩のつながりもありますので，高校のブランドを守ることだけで判断すべきではないと思います。ただ，どうしようもないときはどうしようもないのですが，今回のケースに関して言えば，「もう切っちゃうの!?」という感じでした。

もう1点申し上げたいことは，これは大きな話ですが，地域を結局どうしたいのかと考えます。このまま学力が下がって，やる気も失って，これは複合的な要因だとは思いますが，日本にはそうじゃない時代もあったわけです。

私のお話は，経験談ばかりで恐縮ですが，山形大時代にモンゴルとご縁があってモンゴルに行きました。モンゴルは，今，時代小説の『坂の上の雲』のようなことをやっている学校もあり，たまたま山形大のOBが向こうの名士，空港のセキュリティゲートを好きに出入りできるような大物で，その方が理事長をやっている学校法人で15周年記念パーティーに呼ばれたのですが，卒業生は皆アメリカやヨーロッパの大学に行っています。ノーベル賞候補もいたり，正課で社交ダンスもやっていたり，世界のトップに行く気概で多種多様な学びを深めています。パーティーになるとどんどん会話に誘われて世界情勢を議論し，ダンスタイムになると「踊ってください」と誘いに来て，私は「すみません，社交ダンスできません」と断ったのですが，恥ずかしい思いをしました。

国力とかいろんなものは，まだまだ日本のほうが圧倒的です。でも，そういうモンゴルでしっかり教育を受けた人たちの中で，世界を見据えて世界の中でモンゴルをどうするかと考える若者たちがいます。「これは学生を連れて来ればよかったな」と思って後悔しましたが，日本はこれでいいのだろうかと痛切に感じました。日本も過去にそういう時代があったはずです。日本もそういう時代があり，黎明期に様々な経験をして，いろんな知見を積んでここまで来たわけです。今さら明治の立身出世のリバイバルではなく，これまでの経験を積んだ上で，今後の世界で日本がどうあるべきかを考えたとき，もう少し目線を上げないと，「学生はやる気ないから教えられない，それでいいんだ」で済むのでしょうか。私たちは本当に本気になって学生に語りかけないといけないと思います。

長くなってすみませんが，東日本大震災以降復興支援に関わっています。震災復興は全く専門とは関係がなかったのですが，平成23年（2011年）から学生と一緒にというか，学生に教えられて継続しています。彼らは奇跡のモチベーションを発揮しました。「うちのゼミは公務員合格率が高い」とか，

「上場企業に毎年何人入っている」とか，彼らはそれがモチベーションではなかったのですね。それが響かないから「若者は草食動物になっている」とか，「野心がない」などと年配者は言うのですが，震災復興のときに学生が見せたモチベーションは本当に奇跡のモチベーションでした。「こうすれば大企業に入って小金持ちになれる」を目指している訳ではなかったのです。

そういう若者も日本にいるわけで，それが日本の文化でしょうか。学生たちに「本質は何か」と本気で語りかけて，「私たちはどうあるべきか」と教員自身も本気にならないと，私も今，私自身にも言っていますが，歳を取ってきたので，本当にもう一回巻き直して，本気で地域をどうする，教え子をどうするということを考えなければならない。その人たちは，私たちよりもよほど長く生きるわけです。私たちは彼らの人生を預かっているのだから，本気で怒ったり，向き合ったり，一緒に喜んだりしないといけないと思います。それしかないのではないかと感じています。状況だけを見ると，「どんどん皆やる気なくなっているよね」みたいな話ですが，そうではなくて，教員側が学生のモチベーションに火をつけ切れていないと思います。それさえできれば，まだまだできることはあると思います。

偏差値の輪切りの悪影響とか，そんな問題は今さら古いです。日本はその時代を越えていると思いますので，もっと本気でいろいろな協働を進める中で，それぞれの得意なものをより出せるような教育を行っていくことが大切だと思ったりしています。すみません，明確な答えがない状態ですが，そんなふうに思っています。以上です。

西郡大教授（司会）：

ありがとうございました。

最後に倉元先生に。先ほどの出口先生からのコメントとも少し関係するのですが，「国立大学のアドミッションセンターの現状等を概観することができました。日本の大学入試は学部主体という言及がありましたが，ご指摘のとおりだと思います。現場で学部との協働，すみ分けの在り方に日々苦労しています。本連絡会議の今後の在り方の一つの方向性として，実際に入試実施等を担う学部教員に有意義なものにしていく，もしくは，連絡会議に加盟する各アドミッションセンターが学部とのつながりをさらに密にしていくこともあり得るのではないかと考えました。このことについてご意見いただけますと幸いです」ということです。

倉元直樹教授：

私どもの大学は，学内の意思決定に関して「起案・提案」ができる立場とお答えしたと思います。実質的にこうなるには正直，時間がかかっています。私は今年で25年目なのですが，学部の信用を得ていく過程がものすごく大事でした。いきなり上から物を言ってはいけない。最初に赴任した頃は「何ができるか，ちょっと見せてみろ」といった雰囲気もありました。その中で最初にAOに取り組んでいた工学部や歯学部の先生方と一緒に具体的な問題を一つひとつ考えて解決して，少しずつ信用していただけるようになった。そういうプロセスがありました。

一番大きかったのは高大接続改革の際のかじ取りでした。学部に適切な情報を流しながら，独自な路線…と一時期映ったこともあったようなのですが…，個別大学として本学の受験を考えている志願者に一番迷惑をかけない方式を取ったことに関しては，結果的に認めてもらえたのかもしれません。その上でのことだと思っているので。今，一気に，「解決する方法があるか」と言われたら「時間をかけなければいけないのではないですか？」とお答えするしかないです。

ただ，出口先生にはご理解いただいたと思うのですが，学部がそれぞれ自分たちの考え方でやっていると，高校や受験生側から見た大学のポリシー，イメージができません。結果的に大学を毀損することになる。本学でもなかなかすべての教員にご理解いただけないところもあります。それはそれとして，何とかパッケージとしてまとめながら進めていく工夫をしていますが，粘り強く時間をかけて学部の先生方にご理解いただくための努力を繰り返すことしかないのかな，と思っています。

私への質問ではないのですが，福島先生が地方に関して仰っていたとは少し違うアプローチを始めています。東北地方からの志願者数や合格者数が下がっているという話題は去年も出しました。現場の先生方だけに働きかけても現場レベルの努力ではもうどうにもならない状況なので，昨年度から管理職や教育委員会まで巻き込んで，県としてこの状況をどう立て直すか一緒に考えませんか，というアプローチを始めました。出口先生のおかげですが，山形は山形大学も一緒になって山形県の高校教育，進路指導について検討し始めています。

東北大学は最終的に世界に伍していくミッションを課せられた大学で，国際的な指標を考えながらやる必要があるのですが，それでも地元には支えられています。河北新報という地元の新聞が書いてくれて嬉しかったのですが「甲子園に出た地元の高校を応援するように，東北大学を応援してくれるのは東北地方の皆さん」ですから。東北地方が弱ることは東北大学にとっては浮沈に関わるという意識の下，他大学とも連携し，地域の教育を支える試みに手をつけたところです。ただ，これは東北大学という立場や役目がありますので，全大学に通用する話ではありません。

西郡大教授（司会）：

ありがとうございました。

たくさんのご質問，ご意見をいただいたのですが，３件しか取り上げられませんでした。申し訳ありませんでした。この他のものに関しましては先生方としっかりと共有をさせていただきます。

では，最後に討議のまとめに移っていきたいと思います。

宮本友弘教授（司会）：

冒頭の指定討論で，倉元先生への質問に関して，二つ後半に持っていくと申し上げました。発展的解消と担う人材の話です。倉元先生の発表を見ると，調査結果を踏まえて今後のアドミッションセンターがどうあるべきか考えたとき，大学にとって必要な組織であるにはどうしたらよいかという問いが発せられたと思います。そのとき求められる機能は，従来からの調査分析と広報活動，高大連携があったのですが，加えて，いかなる組織形態でも制度設計が強く求められるということでした。そうした中で調査分析の土台には入試研究が必要ということでした。入試研究の在り方もいろんな形があると思いますし，担う人も大きな問題だと思います。以上を踏まえて，フォーラムのタイトルにある「アドミッションセンターの将来」についてこれから皆さんにご議論いただければと思います。とっつきにくいところもあるかもしれませんが，まずは福島先生，今後どうあるべきかについて，ご意見ありますでしょうか。

福島真司教授：

やってみないと分からないところはありますし，抽象的な言葉ばかりを使って恐縮ですが，アドミッションセンターには国立大学だけの連絡会も必要ですし，そこで活性化されるものもあると思います。アドミッションセンター連絡会議が音頭を取るのか，大学入試センターなのか。入研協も連絡会ですから，そこの盛り上がりなのかは分かりませんが，国公私を横断したつながりを今から構築するために具体的に行動する必要があると思います。私もそこで鍛えられましたが，国立大学にはアドミッションセンターがあります。「パブリック・リレーションズ」という言葉は，日本では単純に宣伝みたいな感じで受け取られますが，パブリックとのリレーション，関係性という意味です。アドミッションセンターというのは大学で一番外部と接触しているわけです。パブリック・リレーションズで重要なのは，情報の非対称性ではない双方向性，良いことも悪いこともお互いにきちんと情報共有しながら，私たちはこうしたい，それに協力してほしい，と訴えることです。市場というか，高校側も大学に対して大学には注文があるので，大学も覚悟を持ってそういう声も取り入れますということが，本当のパブリック・リレーションズです。アドミッションセンターは現在の大学では外部との一番の窓口ではないかと思います。

日本の広報は自分が伝えたいことを言うだけですので，そうではなく，相手のニーズを捉えてコミュニケーションを取る必要があります。大学への期待を，まずは高校から，世の中の期待もあると思いますので，それを吸い上げる。アドミッションセンターの仕事の枠を超えるかもしれませんが，今は一番アドミッションセンターがそういうことができる。あるいはできていなければやるべきだと思います。大学の未来にとってそれが1つのポイントになると思います。先ほどの高大接続もそうですが，アドミッションセンターが連携のハブになっていく，その覚悟を持って進んでいくことが大事ではないかと思います。

宮本友弘教授（司会）：

1点だけ確認したいんですが，福島先生のご発表の中で，ご自身の経験ではオン・ザ・ジョブでいろんなことを身に付けたとあります。そのあたりについてはどうお考えでしょうか。

福島真司教授：

アドミッションセンターの人材育成についてのご質問でしょうか。

宮本友弘教授（司会）：

育成ということで考えた場合に，短大時代の経験がすべてだということを仰っていたと思います。そのような鍛えられ方もあるとは思うのですが，今後の持続可能性を考えた場合，どうあるべきだと思いますか。

福島真司教授：

私だけが何かやったわけではなくて，私がいた短大は今も何とか頑張っています。そこでは困難な教育や学生募集を日々続けている教職員がいたり，先ほど申し上げたように，いろいろなケースは日本中にあります。研究で有名な方とか，大学自体が有名なところの知見しかクローズアップされないので，日本中にある知見をもっと掘り出すことが大切だと思います。最近，某大手国立大学から，ドクターから大学教員になる学生たちが大学の仕事をよく分かっていないと思うので大学の仕事は本当はどういうことなのか，彼らに私の経験を教えてほしいという依頼を受けました。私の経験をペーパーにしたのですが，そういう知見は日本中にたくさんあります。しかし注目されていません。そういう知見を流通させて，理解するべきだと思います。OJTが一番良いかもしれませんが，他者の経験を聞きながら，ロジカルに理解して考えを深めることでもできると思います。いろいろな知見が既に日本中にあると思うのです。それを集めて生かすことが大事だと思います。

宮本友弘教授（司会）：

ありがとうございます。

出口先生のお話の中で何度も出ていたとは思うのですが，改めて入試を担当されている理事の立場から，今後の地方国立大学におけるアドミッションセンターに求められる機能と人材について，特にこれを重視していきたいという方針があれば，お示しいただければと思います。

出口毅理事：

それは各大学それぞれでいいと思います。発展的解消とは，加盟大学で結論を出していくことなので，あえて反応することはないと思うのですが，先ほどのご発表を含めて言うと，これから地方国立大学で必要なもの，それは地方国立大学だけではないと思いますが，制度設計は，私の立場から言うとかなり重要な要素になってくるだろうと思います。それは何かと言うと，大学が抱えて直面している問題解決，短期的，中期的，長期的に資する基礎として，ベースになるセンターで福島先生が出されたような入試研究をベースにして考えていかなければならないと感じます。将来ということでは，どういう形であれ，ここまでの20年で何を蓄積，継続して広がってきたのか，衰えてきたのかをしっかりと踏まえつつ，新しい側面で信頼に足る関係を作っていかなければならない。そのベースになるものをセンターで作っていただきたいと思います。

私が思い及ぶのは大学ですので，研究は欠かせない要素です。学術的研究，これは各大学で機能的な全部のリソースを持てませんので，研究成果を共有できるということが小さい大学にとってもありがたいことです。そこを第一に考えてほしい。いわゆる学術的意義，そういった価値をやっぱり高めていくことが一番重要かと考えます。

高校，地域を含めて，社会的な意義に対峙して我々がどう役立っていくのか，考えていかないといけない。その上で各大学の特徴を生かして，各大学が発展していくための意義を，大学なので研究をベースにして考えていただきたいというのが私が今日聞いたところでの一つの結論です。

宮本友弘教授（司会）：

ありがとうございます。

倉元先生，先生がご発表の中でたくさん課題を提起していたと思います。今のような議論も踏まえまして，それらについての現段階での考えをお示しいただければと思うのですが，どうでしょうか。

倉元直樹教授：

まず，国立大学アドミッションセンター連絡会議の組織については，こういった公の場で話すべき話ではないと思います。「将来構想ワーキング」の中で詰めていきたいと思います。

アドミション人材の育成ですが，私にとっての最大の成功例がそこに座っています。西郡先生は私の学生として入ってきたときは「『研究』の意味が分かっていないな，こいつは」というところから始まりました。青森でのアウトリーチプログラムは6回，地区を変えて実施したのですが，その前に岩手で実施しました。その最初の会で，大学院の学生という立場で話をしてもらいました。その後，佐賀大学に採用され，佐賀大学の教員の立場で経験を積んで話をする中で，私にいかにしてひどく鍛えられたか，という話が定番になりました。最初は任期付きだったのです。そこから大学に認められて，国立大学協会などの公的機関からも呼ばれて中心的な役割で活躍しています。要は，入試をばかにしないでやってきたのです。きちんと正面で向き合って，現場の目線で，しかもアカデミックなスキルを使いながら，自分自身を鍛えていった成果が，今，ここにあると思っています。やはり，アカデミックに入試に関わる人材を育てたいと思います。こういう人材を供給できる仕組みにしていくことが必要です。逆に言うと，この20年間，時間を無駄にしたのかもしれない。これからでもやらない限り，この先ないだろうと思います。

私自身，この先そう長くもないので，正直に言わせてもらうと，入試に関わる研究者の中で，大学入試は単に自分の研究分野の一つの応用領域にすぎなくて，実験をやっているような感覚の人たちが結構いるように思います。私が一番身体を張って対峙しなければいけないのは，行政でもなければ，他大学，ライバル大学でもない。アドミッションに関わる人たちが，きちんとしたスキルを身に付けて大学入試というテーマに向き合うのが当然といった文化を創っていきたいと思います。協力してくださる方々がいらっしゃれば，それはもう国公私立問わないというところす。以上です。

宮本友弘教授（司会）：

ありがとうございます。研究の重要性が改めて伝わったかと思います。

それでは，もうそろそろ時間も迫ってきましたので，最後にそれぞれ先生方に一言述べていただいて終わりにしたいと思います。席の遠い順に出口先生からお願いいたします。

出口毅理事：

まずは，本日，こういう席に参加させていただきまして，ありがとうございました。学ぶことが非常に多かったと思っています。

入試にきちんと向き合っていくという倉元先生のメッセージを受けて，私は先生とは違う立場ですけれども，これからも向かっていきたいと思いましたし，立場が違うので協力できることもたくさんあると思います。そういった意味で入試にきちんと向き合っていくとお誓いして，最後のコメントにさせていただきたいと思います。ありがとうございました。

齋藤郁子校長：

本日はどうもありがとうございました。

私からお願いしたいことは，自分の話の最後に述べたことに尽きます。すべての入試が高校の教育を反映した，生徒が成長する機会になる。そして，折角入学した生徒が「この入試は使えない」なんて言われない，そういう入試を多くの大学で設計していただける，そういうアドミッションセンターであってほしいです。今日はどうもありがとうございました。

福島真司教授：

今日は貴重な機会にお声がけいただき，ありがとうございました。

今，先生方も仰ったように一人の人間をどう育てていくか。そういう感覚が大切だと思います。やや古い言い回しですが，入試を境に高校と大学とか，高校と中学が対峙して，どうやって入るか，どうやって上手くふるいにかけるかみたいな時代は，日本の場合はもう過ぎていますので，そこからどう次のステップに進むかというところに，アドミッションセンターのハブとしての役割がある。入試をこれまでずっと研究してきた部署ですから，次の時代についてもいち早く見えているはずだと思います。研究というのは手堅くしっかりと地に足が着いたものですが，そういう人たちだからこそ見える未来があると思います。

自分はもう定年後かもしれませんが，30年後の高大接続とか中高接続はどうなっているのか，そのときあるべき姿を考えて，そのために今できることを協力しつつ，若い人にどんどんつないでいくことが大事かなと思います。それが組織の学習でもあるし，そういう学習ができるからこそ，学生，生徒の前でも，自分もそうやって学習して成長しているから，一緒に成長しようじゃないか，と言えるのだと思います。今，自分にも向けて言っていますが，今日はいい機会をいただいて，これからも頑張ろうと思っています。この度はありがとうございました。

倉元直樹教授：

できるだけ短く行きます。「入試を設計する」という発想，「入試設計」という言葉が飛び交っていますが非常に嬉しいです。入試と設計と組み合わせて初めて「入試設計」と言ったのは私だと思います。それが，今，常識のように語られるということは，「各大学が自分たちで入試を設計しなければいけない」という「哲学」が浸透してきたのかなと思います。これが次の10年に向けての一つの成果でもあり，課題でもあると思います。今日はどうもありがとうございました。

宮本友弘教授（司会）：

4人の先生方，どうもありがとうございました。

これで討議を終了したいと思います。ありがとうございました。

文　献

東北大学高度教養教育・学生支援機構・国立大学アドミッションセンター連絡会議（2023）．IEHE Report 87　第38回東北大学高等教育フォーラム報告書　新時代の大学教育を考える［20］　国立大学におけるアドミッションセンターの現在と将来――よりよい大学入試の実現を目指して――　東北大学高度教養教育・学生支援機構

終　章

大学入試における「名」と「実」

倉元　直樹

ひとはことばによって事物を捉え，その認識に基づいてさらにことばを選び，今度はそのことばを介して他者とコミュニケーションをとる。一人ひとりに名前があるように，「事物（シニフィエ）」に単一の実体があり，それを指し示す「ことば（シニフィアン）」が明確に定まっているのだとすれば，認識の相違から来るミスコミュニケーションは，ある程度まで防ぐことができるのだろう。しかし，それは実際には難しい。コミュニケーションでやりとりを行う事物が，ひとが五感で直接感じとることができる物体であればまだましなのかもしれない。しかし，制度，できごと，行為，能力等々といった抽象的で実体がつかみにくい概念に特定のことばを当てはめようと試みると，とたんに難しくなる。教育という抽象的な営みを対象にしたコミュニケーションの難しさの一端はここにある。ことばで表される「名」と，本来は当事者のみが把握しうる「実」の間に大きな隔たりがあるからだ。今回，アドミッションセンターをテーマとした巻を編纂するにあたり，終始そんなことを感じている。

総称して「アドミッションセンター」と呼ばれている組織には，そもそも特定の名称が定まっていない。それは同じ性質を持つ「実」に様々な異なる「名」を当てはめているから，ということではない。その役割や機能，それ自体に明確に定まったコンセンサスがないからだ。第Ⅰ部第1章は，当事者間では何となく感じられていた違和感の原因をデータ化することによって，差異を明確にしようとした試みである。アドミッションセンターとは何をするところなのか。そこに身を置く人たち自身が，よく分かっていない。いや，「分かる」「分からない」ということばを用いて表現するのは適切ではないのだろう。それぞれにとって自らが認識する「アドミッションセンター」は確かにそこに実在している。しかし，おのおのの「そこ」は，他所にも共通する「実」を伴って存在しているわけではない。現に，第1章の分析結果からみて，比較的類似した組織だと見られるはずの広島大学（第2章）と東北大学（第3章）の事例に関する記述からは，日常の業務レベルの細かい点において，アドミッションセンターに課せられているミッションに相当程度の開きがあることが想像される内容となっている。

アドミッションセンターは，大学に属する機関である。たとえ教員が所属する組織であっても，第一義的には基本的なミッションとして，大学に所属する学生と直接的な関わりがない大学入学者選抜という運営業務ないしはその周辺業務を抱えていることが多い。それゆえ，その「名」はともかくとして，その活動内容の「実」が運営組織に近いものなのか，教育・研究組織に近いものなのかという位置づけは，当事者間においても常に微妙な争点となり得る運命にあるのだろう。もしも，運営組織としての色が濃ければ，事務組織である入試課に実質的に限りなく近づいていくであろう。逆に教育・運営組織の特色が濃くなると，最終的には業務組織という性格を離れて研究所に近い存在となるだろう。前者であれば，入試課に加えてわざわざそれとは異なる業務組織を抱えることの意義や費用対効果が問われることになる。一方，後者であれば，他の学問分野と同様に，所属大学の機関研究を超えた純粋学問としての「大学入試研究（以下，入試研究と記す）」の存在意義と，大学が当該の分野で研究成果を産み出す機関を保有することの価値が問われることになる。

アドミッションセンターの位置づけという問題は，当事者の意向や認識だけで決められるものではない。本書の第Ⅱ部では，高等学校（第6章），大学執行部（第7章）という組織外における全く異なる視座からのアドミッションセンターへの期待が描かれている。高等学校から見たアドミッションセンターは，高大接続，高大連携を担う機関であることが当然の前提とされている，一方，大学を運営する側からは，わが国の少子化の進行状況を見据えて近未来における日本の大学の在り方を構想したとき，将来の学生母体に照らし合わせて高校との関係を取り結ぶ役割だけで済むのか，という課題が突き付けられている。アドミッションセンターを取り巻くステークホルダーの立場，認識，期待，評価がどのように取り入れられて組織が形作られるかによって，全く異なる機能を有するアドミッションセンターが出来上がる蓋然性が示されたと言える。

しかしながら，現状においては，そもそもアドミッションセンターを巡る議論は，国立大学を中心とした一部の限られた大学のみに限定されたものではないか，という疑問が湧く。第Ⅰ部第4章，第5章では，期せずして共に私立大学におけるアドミッションセンターの不在が描かれている。私立大学の入試を取り巻く環境には熾烈な経営を賭けた競争状況があり，国立大学と全く異なるとは言わないまでも，相当程度に異質な背景が存在する。第4章によれば，国立大学におけるアドミッションセンターの黎明期であった平成12年（2000）年前後にAO入試の登場という当時の新しい状況に遭遇しても，私立大学には学生獲得を主目的とした事業組織として，アドミッションセンターという入試の専門部署を置く必然性への認識は薄かった。第5章は，その結果，私立大学を対象とした入試研究が乏しくなっている実態を示し，そしてそれが近い将来，国公立大学に対しても不利益をもたらすだろうと予言している。

全体を通じて本書の執筆者におけるコンセンサスは，何らかの形で所属大学の大学入学者選抜に関わる研究を担う組織が必要であり，アドミッションセンターというのは，そういった入試研究を職掌に含む組織であるという認識にある。第5章で主張されているような公共的なミッションを個別大学内部の組織で実行するのは難しいと編者は考えるが，同時にそれを超えた枠組みも提案されている。「名」と「実」の問題を克服した上での構想であれば喜ばしいと言える。大学を取り巻く現状を把握すること，そして現状を前提としたうえで，近未来により良い制度を産み出すことの必要性にはコンセンサスがある。そのために現状に即した入試研究の蓄積が決定的に重要な役割を担うことは言を俟たない。

当然ながら，大学入試における「名」と「実」の乖離は，アドミッションセンターという組織にとどまるものではない。例えば，わが国の伝統的な大学入試政策の柱となっている「多様化」を取り上げてみよう。多様化という「名」が与えられたことによって，大学入試に関心を持つ人々の多くは，それに伴う特定の「実」が実体として存在するかのように感じてしまっているのではないだろうか。「多様」と称される状況とは，実際には，具体的な一つひとつの「実」が，限定された「名」だけでは表し切れない状態に至っていることを意味する。ことばと実体の乖離からは，看過できない認識のずれ，歪みが生じる。例えば，昨年頃から流行り始めた「年内入試」ということばがある。年内入試は実際には「総合型選抜」と「学校推薦型選抜」とを合わせた総称を意味するようだ。総合型選抜も学校推薦型選抜もその実情は多様である。選抜の時期一つを取ってみても，実際には合否判定に大学入学共通テストを利用する募集人員の割合が相当程度を占めている。すなわち，それらの入試では全てが「年内」で終了する選抜のプロセスを採っているわけではないにもかかわらず，総合型選抜と学校推薦型選抜によって大学に入学した学生が全体の半数を超えた現象に対して「『年内入試』が5割を超えた」などといった表現が当てられ，さらにそこに特定の別の意味合いが付加されて広がって行く。そもそも，従来の「AO入試」から名称が変更された総合型選抜の本質は大学による自由設計入試（倉元，2013）である。大学によってコンセプトやそれに基づく選抜の仕組みが異なるのだから，本来，それらをひとつの総合型選抜という「名」に押し込めること自体が不可能なはずなのだ。年内入試ということばの流行は，「実」を軽んじてミスコミュニケーションが広がってしまう典型例と言えよう。

大学入学者選抜の現場では，多様化に名を借りた無秩序化が起こっている。無秩序化はなぜいけないのか？　このテーマには，様々な角度からのアプローチが可能と思われる。ここでは，教育が人の成長を促すという「方向性」を持った営みである以上，無秩序化は教育の営みを棄損し，やがては破壊することになるだろう，とだけ述べておく。

多様化の中で秩序を取り戻すためには何が必要だろうか。1つの可能性は，画一化への回帰である。大学から入学者選抜の権限を取り上げ，国が大学入学者選抜を管理する。それは現実的にあり得るシナリオだと編者は考える。しかし，わが国では，憲法に明記された「学問の自由」の一環として大学の自治が認められ，大学の自治の一環として大学自身が自ら教育する学生を選抜する権限が保障されている。したがって，現行制度の考え方に沿って解決策を探るとすれば，残された唯一の道は大学自身の手で多様化の中に秩序を再構築していくことである。言い換えるならば，大学入試を取り巻く「名」と「実」の結びつきを取り戻していく作業である。それには，その基礎として研究的な営みが欠かせない。

第8章「討議」の中で「発展的解消」というキーワードが登場する。それは討議の基となった講演の中で言及されたことばで，国立大学アドミッションセンター連絡会議という国立大学の機関のみで構成される組織に言及したものである。第4章，第5章における2人の私立大学関係者からの指摘にもある通り，もはや，入試研究に関して国公私といった旧来の枠組みによる制約の中でできることには限界がある。実質的に何をするかを棚上げして，既存の枠組みを守るための議論に汲々とする組織に，存在する意味はあるのだろうか。同連絡会議の関係者に対する問いかけが「発展的解消」ということばに込められた含意である。

長い道のりだが，他に選択肢がないとすれば，様々な困難を克服して残された道に歩みを進めなければならない。アドミッションセンターに入試研究を担う組織としての期待がかかるのは，そのような理由からと言えるのではないか。

文　献

倉元 直樹（2013）．自分が面倒を見る学生は自ら選ぶ，AO入試・入学者ランキング大学ランキング　2014年版（週刊朝日進学MOOK）（pp.64-65）朝日新聞出版．

初出一覧（再録のみ）

第1章　倉元直樹・池田文人・永田純一・久保沙織・宮本友弘・西郡大・竹内正興・長濱裕幸（2023）. 国立大学における「アドミッションセンター」の現在地――国立大学アドミッションセンター連絡会議20周年記念事業の成果から――，教育情報学研究，No.22，65-80. を再構成の上，再録。

第3章　宮本友弘（2019）.「主体性」評価の課題と展望――心理学と東北大学AO入試からの示唆――　東北大学高度教養教育・学生支援機構（編）　高等教育ライブラリ15　大学入試における「主体性」の評価――その理念と現実――　（pp. 7-29）東北大学出版会　を再構成の上，再録。

宮本友弘・久保沙織・倉元直樹・長濱裕幸　（2024）．東北大学の一般選抜におけるチェックリストを活用した主体性評価の実施結果について　大学入試研究ジャーナル，*34*，205-210. を再構成の上，再録。

執筆者紹介

倉元直樹　（監修者・編者）　第１章・第８章・終章

林　如玉　（編　者）　序章

永田純一　（広島大学教育学習支援センター教授）　第２章

宮本友弘　（東北大学高度教養教育・学生支援機構教授）　第３章

脇田貴文　（関西大学社会学部教授）　第４章

福島真司　（大正大学エンロールメント・マネジメント研究所所長・教授）　第５章・第８章

齋藤郁子　（青森県立弘前中央高等学校校長）※所属・肩書は執筆当時　第６章・第８章

花輪公雄　（山形大学理事・副学長／東北大学名誉教授）※所属・肩書は執筆当時　第７章

※第８章　討議

司　会：宮本友弘　（東北大学高度教養教育・学生支援機構教授）

西郡　大　（佐賀大学アドミッションセンター長・教授）

指定討論者：出口　毅　（山形大学理事・副学長）

●監修者紹介

倉元直樹

東北大学高度教養教育・学生支援機構教授。東京大学大学院教育学研究科教育心理学専攻（教育情報科学専修）第１種博士課程単位取得満期退学。博士（教育学）。大学入試センター研究開発部助手を経て，1999年より東北大学アドミッションセンター助教授（組織改編により現所属）。東北大学大学院教育学研究科協力講座教員を兼務。専門は教育心理学（教育測定論，大学入試学）。日本テスト学会理事。大学入試学会理事長。

●編者紹介

倉元直樹（監修者）

林如玉

東北大学高度教養教育・学生支援機構助教。2023年３月に東北大学大学院教育学研究科総合教育科学専攻博士課程修了。2023年４月より現職。博士（教育情報学）。専門は教育心理学。

本書は東北大学高度教養教育・学生支援機構令和６年度「研究成果出版経費」助成を受けて出版したものです。

東北大学大学入試研究シリーズ
アドミッションセンターの現在と将来

2024年９月30日　初版第１刷発行　［検印省略］

監修者　倉　元　直　樹
編　者　倉　元　直　樹
　　　　林　　如　　玉
発行者　金　子　紀　子
発行所　株式会社　金　子　書　房
〒112-0012　東京都文京区大塚３-３-７
TEL　03-3941-0111㈹
FAX　03-3941-0163
振替　00180-９-103376
URL　https://www.kanekoshobo.co.jp

印刷・製本／藤原印刷株式会社

ISBN 978-4-7608-6109-5　C3337　Printed in Japan